# RÉCITS

DU

# VIEUX MAITRE D'ÉCOLE,

## LIVRE DE LECTURE

A L'USAGE DES ÉCOLES PRIMAIRES,

PRINCIPALEMENT DE CELLES DE LA CAMPAGNE,

Traduit de l'Allemand

DE FRÉDÉRIC EVERARD DE KOCHOW,

PAR

### NEPHTALI FRADIN,

Avocat à la Cour royale de Paris.

POITIERS,

IMPRIMERIE DE SAURIN FRÈRES.

1841.

26924

# RÉCITS

DU

## VIEUX MAITRE D'ÉCOLE.

# RÉCITS

DU

# VIEUX MAITRE D'ÉCOLE,

## LIVRE DE LECTURE

A L'USAGE DES ÉCOLES PRIMAIRES,

PRINCIPALEMENT DE CELLES DE LA CAMPAGNE,

Traduit de l'Allemand

DE FRÉDÉRIC EVERARD DE KOCHOW,

PAR

### NEPHTALI FRADIN,

Avocat à la Cour royale de Paris.

## POITIERS,

IMPRIMERIE DE SAURIN FRÈRES.

1841.

# FRÉFACE.

Nous avons en France une quantité prodi-
gieuse de livres destinés aux enfants; mais, à
l'exception d'un très-petit nombre que les mères
de famille éclairées connaissent bien, ces livres,
remplis d'idées fausses ou au moins futiles,
ont de véritables dangers pour leurs jeunes
lecteurs. D'un autre côté, on n'écrit ordinairement que pour les classes riches ou aisées, de
telle sorte que les meilleurs livres eux-mêmes ne
peuvent être utilement placés dans les mains de
ces enfants, qui n'ont ni domestiques, ni beaux
habits, ni brillants joujoux; qui ne passeront
pas leur vie dans les salons au milieu d'une société élégante; mais qui, dévoués à de pénibles
travaux, seront obligés de gagner à la sueur de
leur front les choses indispensables à leur existence. Il faut, pour ces lecteurs que les progrès
de l'instruction primaire rendent plus nombreux
tous les jours, des livres à leur portée, qui,
loin d'éveiller dans leur cœur le sentiment de
l'envie, si commun de nos jours, leur donnent
des idées justes sur leur position, et leur fassent
comprendre que tous les hommes, égaux devant Dieu, appelés après leur mort à une même
destinée, peuvent trouver ici-bas, quelle que

*a*

soit leur condition, une égale somme de bonheur, en s'efforçant d'améliorer leur cœur et leur intelligence.

Pour être compris, l'auteur d'un livre *vraiment populaire* doit emprunter à la vie industrielle et à la vie agricole ses idées, ses exemples, et souvent même son langage ; il faut que ses jeunes lecteurs puissent se faire naturellement l'application de tout ce qu'ils lisent, et trouver partout des préceptes à leur usage.

Ce petit livre, que nous traduisons de l'allemand, nous a paru avoir toutes ces qualités : composé dans un pays où l'instruction primaire est bien plus avancée que dans le nôtre, chez un peuple grave qui a compris de bonne heure toute l'importance de l'éducation populaire, il nous semble remplir parfaitement son but, qui est de déposer dans l'esprit des jeunes enfants des idées de religion, de morale, de science, d'économie agricole, qui pourront germer plus tard, et exercer sur toute leur vie une heureuse influence.

Notre instruction primaire, quelle que soit la méthode employée, a jusqu'à ce jour un défaut, c'est d'être beaucoup trop mécanique, de parler beaucoup plus à la mémoire qu'à l'intelligence. Plus d'une fois nous avons été frappés de ce résultat en visitant des écoles : l'enfant qu'on interroge récite sur un ton faux et emphatique des choses qu'il ne comprend presque jamais ; il s'établit ainsi entre la vie spéculative et la vie réelle, entre l'enseignement et la pratique, une séparation déplorable. L'une des causes de ce mal est certainement le dogmatisme pédantesque de la plupart des livres d'éducation , trop souvent hors de la portée de ceux auxquels ils s'adressent.

L'instituteur trouvera dans celui que nous publions , de courtes lectures qui toutes contiennent d'utiles leçons présentées sous la forme la plus propre à pénétrer dans l'esprit de ses élèves. Nous lui recommandons , s'il veut en tirer tout le parti possible , de ne pas céder à cette avidité des enfants qui dévore des volumes sans profit pour l'intelligence ; il devra s'arrêter après chaque lecture , interroger ses élèves pour savoir s'ils ont bien compris; leur demande, quelle est la moralité qui résulte de ce qu'ils viennent de lire , et quelle application l'on en peut faire dans la vie. En les habituant ainsi à raisonner, il leur sera plus utile qu'en leur donnant une instruction qui deviendrait dangereuse si elle n'était pas accompagnée d'un sens droit et d'une bonne moralité.

Les *Récits du vieux maître d'école* contiennent des principes d'histoire naturelle et de physique parfaitement à la portée des enfants ; nous engageons les instituteurs à ne pas se contenter, sur ce point, de la lecture et même des explications orales ; rien ne sera plus facile , surtout à la campagne, que de mettre sous les yeux des enfants les choses dont il sera question dans ce livre : ainsi, à propos du récit intitulé *les Pepins de pomme*, p. 3, on peut leur faire voir plusieurs espèces de graines, faire devant eux une greffe en fente ou en écusson ; à la suite du récit inti tulé *la Croissance des plantes*, p. 69, on peut leur faire connaître les mauvaises herbes qui doivent être arrachées des terres bien cultivées; à l'occasion de la lecture sur *la sphère et le globe*, p. 72, il n'y aura rien de plus facile que de leur faire comprendre le mouvement diurne de la terre, en exposant une boule à la lumière. L'instituteur devra aussi se procurer deux objets à bien bon marché, savoir : une *lentille* ou *verre grossissant*, p. 61, et un *aimant*, p. 63.

Il nous reste maintenant à dire quelques mots de la traduction. Nous avons eu soin, dans ce travail, de supprimer ou de modifier tout ce qui, étranger à nos mœurs, n'aurait point été compris chez nous : ce n'était pas, en effet, une traduction littérale qu'il fallait faire, mais une traduction parfaitement intelligible pour nos jeunes lecteurs; nous avons également fait disparaître quelques passages qui nous ont paru trop relevés pour des enfants, ou susceptibles d'être mal interprétés par eux. L'on peut donc être certain de ne trouver dans ce petit livre que des leçons vraiment religieuses, morales et instructives, parfaitement mises à la portée des enfants qui fréquentent les écoles primaires.

# RÉCITS

DU

# VIEUX MAITRE D'ÉCOLE.

### L'ENFANT SINCÈRE.

Sophie était ingénue et sincère ; si le peu d'attention qu'elle avait apporté au travail l'avait empêchée d'apprendre, elle l'avouait sur-le-champ au maître et lui disait : « Je n'ai point assez bien travaillé, mais je veux me corriger ; je vous en » prie, dites-moi cela encore une fois. » Si Sophie retombait de nouveau dans la même faute, et que cette rechute lui fût reprochée par ses parents, elle ne cherchait ni à s'excuser, ni à diminuer ses fautes, mais elle s'écriait : « J'ai tort, et je mérite » une punition. Je la supporterai ; mais seulement » ne vous irritez pas contre moi, mes chers pa- » rents, car ce qui m'affligerait le plus, ce serait de » perdre votre amour. »

Avec de tels sentiments, on plaît à Dieu et aux hommes.

1

## LA PAUVRE BONNE D'ENFANTS.

Une jeune fille pauvre, qui s'était mise au service pour prendre soin des enfants, était assise et pleurait. La maîtresse de la maison lui demanda pourquoi elle s'affligeait, et s'il lui manquait quelque chose. « Ah! dit la jeune fille, lorsque je pense à mon » avenir, j'ai bien sujet de pleurer! Les autres » enfants vont à l'école, apprennent beaucoup de » bonnes choses, et moi je grandis, je crois sans » culture comme les herbes sauvages; je ne puis » payer le prix de l'école, car je n'ai rien, et il faut » que je serve pour avoir du pain, et ainsi je de- » meure ignorante. Voudra-t-on me donner du » travail quand on pourra trouver des gens plus » capables que moi? Je travaillerais volontiers » pendant la nuit, s'il m'était permis d'aller à » l'école et de m'y instruire. » La maîtresse, émue, se dit à elle-même : J'aurai pitié de cette pauvre enfant; Dieu veut que nous ayons com-passion des pauvres, et le plus grand bien que l'on puisse faire à autrui, c'est de lui donner les moyens de s'instruire. A partir de cette époque, elle en-voya toutes les semaines la jeune bonne à l'école; cette jeune fille fit beaucoup de progrès, et plus elle apprenait, plus elle apportait de fidélité et d'as-siduité à son travail.

On doit s'intéresser non-seulement à ses propres enfants, mais encore aux enfants d'autrui.

## NICOLAS ET FRANÇOIS.

Nicolas était léger et inattentif ; François, au contraire, était réfléchi et faisait attention à tout. Un jour Nicolas sortit de la ville pour aller chez son père ; un instant après, François, qui suivait le même chemin, trouva une belle bague. A l'entrée du village, Nicolas dormait couché sous un arbre ; François l'éveilla et lui raconta son bonheur. Alors le premier se frotta les yeux, bâilla, et dit : « J'au- » rais bien pu la trouver aussi moi, car certaine- » ment elle a été perdue par le monsieur que j'ai » rencontré aux portes de la ville. — Pourquoi » alors ne l'as-tu pas trouvée ? repartit François. » —Oh ! répliqua Nicolas, qui peut faire attention » à tout ? »

François fit publier qu'il avait trouvé l'anneau, et il reçut trente francs de récompense de celui auquel il appartenait.

L'attention est très-utile.

L'attention préserve de beaucoup de peines, plusieurs lui doivent leur bonheur.

Le paresseux perd, pendant qu'il dort, bien des occasions favorables.

## LES PEPINS DE POMME.

La petite Marie avait mangé une pomme, et elle était sur le point de manger aussi les pepins. Alors son frère François, plus âgé qu'elle, qui re-

venait de l'école, lui dit : « Ma sœur, si tu savais
» ce que je sais, certainement tu ne mangerais pas
» ces pepins.

*Marie.* — » Eh bien ! que sais-tu donc ?

*François.* — » Notre maître d'école a dit : Si, à
» l'automne, on met en terre des pepins, chacun
» d'eux peut, par la suite, donner naissance à un
» arbre qui portera une multitude de beaux
» fruits. »

François et Marie coururent alors au jardin, et
ils semèrent dans un lieu écarté les pepins qui ger-
mèrent. En peu d'années ils devinrent de petits
arbres ; les enfants les débarrassèrent des mauvaises
herbes, et les attachèrent à un pieu afin qu'ils
crûssent droits. Pendant ce temps-là, François apprit à greffer en fente et en écusson, puis il demanda à un jardinier quelques greffes et les plaça
sur ses jeunes sujets.

Avec le temps, les petits arbres grandirent, et
lorsque François et Marie furent aussi devenus
grands, ils recueillirent presque annuellement de
leurs pommiers beaucoup d'excellents fruits. Un
jour qu'ils cueillaient les pommes, François dit
à Marie : « Eh bien ! n'était-il pas bon que tu ne
» mangeasses pas les pepins de ta pomme ?—Oui,
» certainement, repartit Marie ; mais combien il
» était important aussi que tu allasses à l'école et
» que tu apprisses de si bonnes choses ! »

Un bon conseil est d'un grand prix.

Ne méprisez rien ; si minime que ce soit, cela est utile.

___

### LA PETITE MENTEUSE.

La mère de Lise l'envoya dans le jardin cueillir, à un cerisier peu élevé, quelques cerises pour rafraîchir son frère, qu'une maladie tenait alité. Cette année-là, les cerises étaient fort rares ; on les réservait pour les malades ; aussi la mère de Lise lui avait-elle enjoint de n'en pas manger.

Lorsque Lise revint, sa mère l'interrogea, et Lise assura qu'elle n'avait point goûté les cerises ; mais quand elle ouvrit la bouche, on vit qu'elle était toute rougie par le jus des cerises qu'elle avait mangées. Sa mère la punit sévèrement à cause de ce mensonge.

Ne pas dire la vérité, c'est faire un mensonge.

Les mensonges sont le plus ordinairement découverts, et qui a menti est puni.

Dieu ne permet pas que le mensonge profite, et il a les gens faux en horreur.

___

### LA MÈRE ET L'ENFANT.

Le petit Guillaume pria sa mère de lui donner du pain. Alors eut lieu entre eux l'entretien suivant :

*La mère.* — Oui, mon fils, je vais te donner du pain ; mais sais-tu bien d'où il provient ?

*Guillaume.* — Vous l'avez pétri, bonne mere.

*La mère.* — Oui, j'ai pris de la farine et de l'eau, je les ai mélangées; j'ai employé du levain pour faire fermenter ce mélange, et j'ai pétri la pâte. Ensuite il a fallu prendre du bois pour chauffer le four, et quand le four a été convenablement chaud, j'ai cuit cette pâte, qui est ainsi devenue un pain sain et mangeable. Vois, mon cher fils, combien il faut de soins pour que la farine devienne du pain. Mais d'où vient la farine elle-même?

*Guillaume.* — Du blé que le meunier a réduit en farine.

*La mère.* — Et le blé d'où vient-il?

*Guillaume.* — Il est sorti de la terre, dans laquelle mon père l'a semé.

*La mère.* — Ton père ne l'a pas seulement semé; il a d'abord labouré la terre, il l'a engraissée, puis il a répandu la semence, et il l'a recouverte avec la charrue ou la herse. Mais est-ce bien là tout ce qui a eu lieu, mon fils?

*Guillaume.* — Non, bonne mère; mon père a de plus scié, râtelé, mis en gérbes, engrangé, battu le blé.

*La mère.* — Très-bien, mon fils; mais qui donc a fait lever et croître la semence? qui lui a donné la rosée et la pluie? qui a fait paraître le soleil, afin que le blé pût mûrir? qui nous a donné de la santé et du courage pour notre travail? qui a pro-

tégé notre ferme et notre champ contre les mauvais temps? Tout cela ne pouvait être fait par ton
père, ni par quelque homme que ce fût. Mais vois-
tu, mon fils, tous les hommes ont un père invisible et puissant, qui les chérit et s'occupe d'eux.
DIEU est son nom. Dieu, ce père invisible, fait
pour notre bien-être ce que nous autres hommes
nous ne pouvons faire, parce que nous sommes
trop faibles pour cela. Notre vie, notre fortune,
nous tenons tout de lui. Ainsi tu ne mangerais pas
ce pain, mon enfant, si Dieu ne l'avait pas fait.
Tout ce qu'il nous demande en échange de tant
de bienfaits, c'est que nous l'honorions par notre
obéissance, que nous l'aimions, et que nous nous
réjouissions en lui. Si tu le veux, je te parlerai encore plus longuement de Dieu à l'avenir. Rappelle-
le-moi.

*Guillaume.* — Oh! oui, maman, je le ferai avec
grand plaisir.

### COMBIEN IL EST BON D'APPRENDRE CE QUI EST UTILE.

François avait eu, dans sa jeunesse, du goût
pour le jardinage, et il avait appris d'un jardinier
comment les arbres fruitiers doivent se planter, se
tailler, se greffer en fente et en écusson.

Une maladie l'affaiblit tellement, qu'il devint
incapable de se livrer aux rudes travaux des
champs, et son sort eût été bien à plaindre, s'il

n'eût pas su autre chose; mais, comme il connaissait très-bien la culture des arbres, son maître
l'employa en qualité de jardinier, et il eut ainsi
jusqu'à sa mort sa subsistance assurée.

Une chose utile est toujours bonne à apprendre,
et souvent elle peut être très-avantageuse.

***

### LE NID D'OISEAU.

Charles enlevait tous les nids d'oiseaux autour du village. Il prenait le père et la mère sur
le nid, et les tourmentait jusqu'à ce qu'ils mou-
russent. Il en résulta que les oiseaux abandonnè-
rent cette contrée, et au printemps, lorsque tout
se réjouissait de leurs chants, ce village demeurait
triste et silencieux. Il y eut aussi dans ce lieu tant
de chenilles et de vers, que les habitants ne purent conserver une seule feuille verte, et par suite
leurs arbres furent tous stériles.

Dieu a tout organisé avec la plus grande sagesse et dans un but utile; les petits oiseaux
nous plaisent par leur chant, et dévorent, pour
se nourrir eux et leurs couvées, une grande quantité de ces chenilles et de ces vers qui sont si
nuisibles aux arbres et aux fruits des jardins.

Dieu a accordé à l'homme la puissance sur les
animaux, afin qu'il pût les tuer pour son utilité;
mais on ne doit jamais les tourmenter, et encore
moins les faire mourir par méchanceté.

### DES JEUX ET DES PLAISIRS.

Lorsque Guillaume, François, Martin, Charles, Sophie, Louise, Marie et Elisabeth étaient enfants, ils jouaient, au retour de l'école, pendant plusieurs heures, si le temps était beau. L'un chantait et les autres dansaient ; ou ils chantaient tous, à l'ombre d'un arbre verdoyant, leurs chansons d'enfant. Quand les garçons jouaient à la balle, abattaient des quilles, se défiaient à la course, ou essayaient leurs forces, ils quittaient leurs habits pour moins se fatiguer ; mais aussitôt après avoir cessé de jouer, ils les reprenaient pour ne pas se refroidir. Les jeunes filles, plus tranquilles, étaient spectatrices de ces jeux qui ne convenaient pas à leur sexe, et pendant ce temps-là elles tressaient des couronnes de fleurs des champs pour le vainqueur. Jamais on ne les vit se quereller, ni se frapper sérieusement, ni se couvrir de boue; ainsi ils demeuraient contents et bien portants, et chacun se réjouissait en voyant la joie innocente de ces bons enfants.

---

### LE PETIT VOLEUR.

Le petit Pierre avait souvent dérobé, à ses parents, à ses frères et à ses sœurs, des joujoux, des friandises et d'autres choses du même genre. Sa

1*

mère l'ayant pris sur le fait, le dit à son mari, et tous deux furent d'accord pour châtier sévèrement le vilain enfant. Alors Pierre voulut s'excuser : « Il n'avait, disait-il, pris qu'une bagatelle. » Cela est vrai, lui répondit fort judicieusement son père ; cependant je te punis avec sévérité, afin que tu n'apprennes pas, en faisant des larcins peu importants, à voler des choses d'un plus grand prix, et que tu n'ailles pas finir tes jours en prison.

Car celui qui vole seulement une pomme, volera un jour de l'argent s'il peut y réussir.

Une autre fois ne prend pas la moindre chose sans la permission de ceux à qui elle appartient.

Tu ne déroberas point!

———

### LES FRÈRES DE CARACTÈRE DIFFÉRENT.

Charles honorait ses parents, car il leur obéissait, et se gardait avec le plus grand soin de leur faire de la peine. Nicolas au contraire faisait ce qui lui plaisait ; il méprisait les conseils de ses parents et de ses maîtres, et, par sa conduite insensée, il donnait souvent des sujets d'affliction à sa famille.

Lorsqu'ils furent devenus grands tous les deux, Charles trouva promptement un bon maître qui lui donna un fort gage ; puis il épousa une femme pieuse et active, avec laquelle il vécut heureux.

Mais Nicolas demeura grossier, stupide et cor-

rompu ; il eut toujours les plus mauvais maîtres,
car les bons ne pouvaient ni le souffrir ni le garder,
et dans sa vieillesse il fut réduit à demander son
pain.

Honore ton père et ta mère ; obéis à tes maîtres,
et tu réussiras.

On estime l'homme capable, on dédaigne l'incapable.

----

## LE DESTRUCTEUR D'ARBRES.

Jean faisait volontiers des actions inutiles et mauvaises. Quand il rapportait de la forge les socs de
charrue, s'il voyait dans son chemin un jeune
arbre, il s'en approchait, et essayait sur sa tige si
les socs étaient tranchants.

Un propriétaire du village, qui avait fait planter
deux rangs d'arbres fruitiers et de mûriers, voyant
avec peine qu'ils étaient sans cesse endommagés,
les fit surveiller jusqu'à ce que Jean fût pris sur le
fait. Jean fut sévèrement puni, et fut obligé d'employer la moitié de son salaire à payer les arbres
endommagés. En vain il disait : « Je n'ai pas seul
» commis le dommage, d'autres ont aussi nui aux
» arbres. » On lui répondit : « Nous t'avons saisi
» au moment où tu les endommageais; nous n'en
» avons point surpris d'autres : pour toi, si tu en
» as vu, tu devais avertir, et surtout ne pas imi-
» ter ceux qui agissaient si mal. »

Les enfants à mauvaises habitudes empêchent bien souvent la réussite des choses utiles.

Gardez-vous d'imiter les méchants ou les insensés , autrement il arriverait souvent que vous ne seriez pas seulement punis pour le dommage résultant de votre propre fait , mais encore pour celui qu'ils auraient commis avant vous.

———

### L'APPARENCE EST SOUVENT TROMPEUSE.

Guillaume vit dans un étang , par un temps calme , l'image brillante du soleil. « Papa, dit-il, » venez vite dans le jardin, il y a un grand incen- » die dans l'étang. » Son père le suivit en souriant. « Ne voyez-vous pas , papa, comme ça brûle , s'é- » cria Guillaume. — Je vois bien, mon fils, dit le » père ; mais c'est l'image du soleil, placé au dessus » de nos têtes, qui se réfléchit dans l'eau. Je » veux te prouver qu'il n'y a point de feu. » Il prit alors une longue perche, et la plongea un instant dans l'endroit où le soleil se réfléchissait. Lorsqu'il la retira, Guillaume la saisit, et la trouva mouillée et froide.

En s'en allant, Guillaume s'étonnait d'avoir vu l'étang tout embrasé, bien qu'il n'y eût pas de feu. « Mon fils , lui dit son père, l'image du soleil » n'est pas le soleil lui-même , ton image dans un » miroir n'est pas toi-même. Entre une chose et

» son image il y a une grande différence. L'image
» n'est pas la chose elle-même, seulement elle lui
» ressemble. L'apparence est souvent trompeuse;
» c'est pourquoi tu as besoin de l'enseignement
» des gens expérimentés pour apprendre à ne pas
» t'y fier sur-le-champ, mais à tout examiner à
» l'aide de la raison. »

### LA CAUSE ET L'EFFET.

« Je ne sais comment cela se fait, disait Charles,
» car je ne puis l'attribuer à rien ; je suis toujours
» chagrin : l'on n'est pas bienveillant pour moi,
» et je suis souvent puni. » Je vais te le dire, repartit François : « Tu travailles mal, tu as une
» mauvaise conscience, tu es mal disposé envers
» les autres, et tu commets souvent de ces actions
» qui méritent d'être punies. Il ne peut en être au-
» trement, car de telles causes produisent toujours
» de tels effets. »

### LA SOURICIÈRE.

Une vieille et une jeune souris couraient autour
d'une souricière de fil de fer, pour ronger le lard
qu'elle renfermait. La vieille chercha longtemps à
arriver au lard sans entrer dans la souricière : on
eût dit qu'elle redoutait un danger ; et, comme

ses efforts ne réussissaient pas, elle s'éloigna. Sa jeune compagne ne réfléchit pas si longtemps ; elle se glissa à l'intérieur dès qu'elle trouva l'ouverture ; elle mangea le lard qu'elle avait convoité, et après s'en être rassasiée, elle voulut recouvrer sa liberté, mais elle l'avait perdue ; elle était prisonnière.

La vieillesse donne de l'expérience et de la prévoyance. Le défaut habituel de la jeunesse est de joindre à l'inexpérience une curiosité téméraire. Les jeunes gens devraient raisonnablement se défier de leurs propres desseins, et ne pas se persuader qu'ils sont capables de se conduire eux-mêmes.

Quel bonheur pour la jeunesse que l'instruction et les leçons l'avertissent des dangers !

Celui qui se laisse conseiller, réussit ; mais l'imprudent, qui dédaigne les avis, court à sa perte.

---

### LA MÈRE SENSÉE.

Marie avait plusieurs enfants, mais elle évitait avec le plus grand soin de préférer l'un d'eux aux autres. Celui qui semblait d'un caractère bien meilleur que les autres se montrait-il grossier et méchant, elle le punissait sans ménagement : « Car, disait-elle, puisque Dieu m'a donné mes enfants, je dois être la même pour tous, jusqu'à ce qu'il lui plaise de les retirer de mes mains. Ah ! Seigneur, donnez-moi la sagesse nécessaire pour en faire des hommes bons et utiles. »

Ses enfants tournèrent tous à bien, et devinrent des hommes utiles.

Celui qui tient son fils dans le devoir se réjouira un jour en son fils.

————

## SEMBLABLE ET DISSEMBLABLE.

As-tu retenu ce que l'on t'a appris à l'école, Thomas ? dit un père à son fils ; qu'as-tu retenu ? dis-le-moi.

*Thomas.* — Notre maître nous a expliqué ce qu'on entendait par ces mots, *semblable* et *dissemblable*, et comment on établit des analogies et des différences.

*Le père.* — Comment établit-on des analogies ?

*Thomas.* — On examine en quoi les choses que l'on compare se ressemblent.

*Le père.* — Comment établit-on des différences ?

*Thomas.* — On examine en quoi diffèrent les choses que l'on veut distinguer.

*Le père.* — Donne-moi un exemple de ces deux opérations.

*Thomas.* — Mon frère Guillaume et moi nous sommes tous les deux fils de parents que nous chérissons, en cela nous nous ressemblons ; nous nous ressemblons aussi de visage et de chevelure ; mais nous différons d'âge, de grandeur, de force, etc., etc.

*Le père.* — Quelle utilité y a-t-il à savoir faire cette distinction ?

*Thomas.* — Notre maître a dit que nous apprenions ainsi à penser avec plus de justesse; que nous nous préservions de la faute de brouiller et de confondre tout; que nous pouvions nous attirer davantage l'estime des gens sensés, et parler de manière à mériter l'attention.

*Le père.* — Votre maître a raison; mais sans doute tu as entendu dire quelquefois que nous devons ressembler à Dieu; comment cela peut-il se faire?

*Thomas.* — Dites-le-moi, mon père.

*Le père.* — Si nous aimons le bien, si nous évitons le mal, nous devenons semblables à Dieu. Après notre mort, Dieu nous recevra dans le ciel, c'est-à-dire dans la société des saints et des anges, où nous pourrons éternellement nous réjouir en lui.

*Thomas.* — Ah! puissé-je avoir de tels sentiments, mon père !

*Le père.* — Sois à l'avenir, mon fils, assidu à apprendre le bien et désireux de le faire, et fortifie-toi dans ce dessein par de sincères prières à Dieu, de qui vient toute véritable sagesse, et tu réussiras.

## DE L'UTILITÉ DE LA CONFIANCE EN DIEU.

Charles avait douze ans quand sa mère mourut. Malgré son extrême misère, cette pauvre femme avait suffi par son travail à son entretien et à celui de son fils ; mais après sa mort, Charles étant sans aucune ressource, allait çà et là chez les bons habitants du village, demandant du pain, et offrant à ceux qui lui donnaient quelque chose de les servir avez zèle, s'ils voulaient seulement le recevoir chez eux. Il était plein de confiance en Dieu, espérant que celui qui lui avait donné la vie la lui conserverait avec la même bonté ; car sa mère l'avait élevé dans des sentiments pieux et chrétiens. Enfin Dieu toucha le cœur d'un riche habitant du village, qui eut pitié de lui, le donna pour domestique à son fils, et lui permit d'accompagner chaque jour son maître à l'école, où, comme Charles était attentif et assidu, il apprit beaucoup de bonnes choses.

Lorsque Charles et son jeune maître furent devenus grands, le premier eut le bonheur de sauver la vie au second par sa fidélité et son courage, et celui-ci, pour le récompenser, lui confia l'administration de ses domaines, car Charles était prudent et fidèle, et il savait bien lire et bien calculer.

Confie-toi en Dieu, car il lui est facile de rendre les pauvres riches.

## LA BONNE SERVANTE.

Christine servait chez de mauvais maîtres qui donnaient peu à manger à leurs gens, et les injuriaient continullement. Christine était pauvre, mais pieuse, et elle adressait souvent à Dieu des prières telles que celle-ci : « O mon Dieu, adou-
» cissez pour moi, si telle est votre sage volonté,
» le cœur des maîtres qui me nourrissent ! Faites
» qu'ils ne soient plus si durs, si insensibles à mon
» égard ! Mais cette affliction m'est peut-être utile,
» car qui sait l'influence qu'auraient eue sur moi
» des jours prospères ? Peut-être aurais-je été in-
» solente et frivole, si ma vie avait été heureuse.
» Oh ! vous qui savez si bien tout cela, Seigneur,
» accordez-moi la patience, et aidez-moi à de-
» meurer fidèle et active. Bien que maintenant
» j'en sois mal récompensée, mon Dieu, vous
» ferez tout pour le mieux, et vous me donnerez
» sujet de me réjouir quand il en sera temps. »

Une riche veuve remarqua la bonne conduite de Christine. Elle la prit près d'elle et lui fit une bonne position.

Dieu connaît le moment précis de la joie ; il sait si elle nous est utile.

## LE BON DOMESTIQUE.

Martin étant tombé malade fut obligé de confier son travail à son domestique ; celui-ci, au lieu de devenir, en l'absence de toute surveillance, indolent et paresseux, redoubla d'activité. Il employa tous ses soins à faire tout aussi bien que possible. « Ah ! disait-il, ah ! comme mon maître sera » joyeux, quand il verra combien je suis fidèle ! » Sa guérison sera une fois plus prompte s'il trouve » tout en bon état et s'il n'a rien à blâmer. »

Après sa guérison, Martin donna sa fille en mariage à cet excellent domestique, et comme il n'avait point de fils, à sa mort son gendre recueillit tout son héritage.

Bon et fidèle serviteur, tu as été fidèle en peu de chose, je t'établirai sur beaucoup. ( St Math. )

---

## CHANT DES ENFANTS.

Nous, petits enfants que nous sommes, nous allons volontiers à l'école. Le maître met tous ses soins à nous faire comprendre ce qu'il nous enseigne. La science n'est pas difficile si l'on travaille ; celui qui apportera une attention soutenue deviendra de plus en plus intelligent.

Quand nous serons grands, nous réussirons.

Chacun voudra nous avoir, car nous saurons comment on doit user des dons de Dieu. A celui qui cherche l'avantage de son maître, cet avantage même profite. Maudite soit la paresse! le travail fortifie les membres.

Tout bien vient de Dieu. Bénissez, Seigneur, les nombreuses leçons que nous recevons maintenant, afin que nous donnions l'exemple de la vertu par nos bonnes actions.

———

## LE BERGER.

Par une belle matinée, un berger regardait son troupeau paître devant lui. Il venait de lire dans son livre de cantiques, qu'il portait toujours avec lui. Son âme s'abandonna alors à de pieuses pensées, et forma de bonnes résolutions : « Seigneur,
» disait-il en lui-même, Seigneur plein de ma-
» gnificence et de bonté, comme tout ce que vous
» avez créé est beau! Que je suis heureux de pou-
» voir chanter vos louanges! Je suis seul ici, mais
» vous, Seigneur, vous me voyez, vous m'exa-
» minez; aussi je veux être fidèle à vos lois, éviter
» le mal et faire le bien, car telle est votre vo-
» lonté. Comment puis-je, pauvre que je suis,
» témoigner mieux que par une obéissance sin-
» cère ma reconnaissance envers vous? » Alors,
tout en conduisant son troupeau, il débarrassait

les jeunes plants d'osier des gourmands qui les affaiblissaient ; il consolidait, en appuyant le pied autour de la tige, ceux qui n'étaient pas assez bien fixés au sol ; il ramassait des branches et réparait la haie endommagée ; il cherchait des herbes salutaires pour les malades du village, et mettait ainsi la plus grande attention à trouver des moyens de faire du bien.

Cette conduite lui gagna le cœur de tous les gens du village, et lorsqu'il fut vieux et faible, on ne le laissa manquer de rien.

Priez et travaillez.

———

### L'ENFANT BIENFAISANT.

Le fils d'un journalier tenait un morceau de pain dans chaque main. Un mendiant lui adressa les paroles suivantes : « J'ai bien faim, mon enfant, » partage avec moi, donne-moi seulement la » moitié de ton plus petit morceau de pain. » L'enfant lui donna le plus gros tout entier, et il fut tout joyeux de le lui voir manger. Alors le mendiant lui dit : « Tu m'as rassasié, moi, pauvre » homme mourant de faim ; que Dieu te bénisse » pour cela, généreux enfant. » Et lorsque cet enfant fut devenu grand, il prospéra.

Souvent Dieu, par de sages dispositions, récompense déjà sur la terre la bienfaisance et la charité.

## LE FILS RECONNAISSANT.

Charles se livra avec une activité si soutenue à la culture de la terre, qu'il devint bientôt métayer, et peu après son habileté fit que le maître chez lequel il servait, le prit pour intendant. Comme cet emploi lui valait un bon salaire, et qu'il s'était habitué à l'économie, il ne dépensait pas tout ce qu'il gagnait ; mais il en épargnait une partie tous les ans. Car il pensait à ses pauvres vieux parents, et il leur envoyait chaque mois une somme d'argent, afin qu'ils pussent vivre sans se mettre au service. « Ma plus grande joie, disait-il souvent, est de songer que mes parents jouiront, avec mon aide, d'une vieillesse calme et paisible, et que je pourrai ainsi les récompenser un peu de tout le bien qu'ils m'ont fait. »

Honore ton père de toute ton âme, et n'oublie pas combien tu as coûté de peines à ta mère.

---

## LA VOISINE ENVIEUSE.

Une paysanne avait un excellent fonds de terre et un bétail aussi bon qu'aucun autre, et cependant elle était envieuse du bonheur d'autrui. Le soir, lorsque le bétail retournait au village, placée devant la porte de sa maison, elle se désolait s'il passait devant elle une bonne vache, et qu'elle appartînt au voisin.

Voyait-elle une belle récolte dans le champ d'un autre, elle s'écriait : « Je ne sais comment ces gens » font, tout leur vient à souhait, et rien ne me » réussit. »

Elle gagnait peu à cette humeur fâcheuse, tout au contraire elle y perdait beaucoup. Car comme elle était toujours triste et maussade, elle était aussi constamment malade. Enfin elle mourut d'une fièvre bilieuse, l'année de sa meilleure récolte, du dépit de voir une de ses voisines hériter d'un parent éloigné qui lui laissait cent écus.

---

## L'AMI DANS LE BESOIN.

« Compère, plusieurs de mes chevaux sont en » voyage, et ceux que j'ai à la maison sont tombés » malades. J'aurais besoin d'un ami qui voulût » bien couvrir les pois que j'ai semés, autrement » les oiseaux me les mangeront. Aidez-moi donc, » compère, seulement une demi-journée ; vos » pois à vous sont maintenant dans la terre. » Ainsi disait Jean à Christian. Christian écouta sa prière, et lui prêta secours. Depuis cette époque, Jean fut très-bien disposé pour Christian qui, disait-il souvent, l'avait aidé alors qu'il était dans le besoin.

Celui qui nous aide dans le besoin est notre véritable ami.

Si on a besoin de secours, il faut le demander avec discrétion, et si on l'obtient, ne pas oublier d'en être reconnaissant.

---

### LES SUITES DE LA DISCORDE.

Les habitants d'un village vécurent longtemps en paix et dans l'aisance; mais à l'occasion de la reconstruction de l'église, les femmes se brouillèrent, parce qu'elles ne purent s'accorder sur la question de savoir qui devrait s'asseoir sur le premier ou sur le second banc. De là naquirent des inimitiés, des commérages, des querelles et des procès; les hommes négligèrent leurs travaux, les femmes leurs ménages, et ces malheureuses disputes durèrent pendant un très-grand nombre d'années.

La paix enrichit, la dissension ruine.

Crains les commérages, et étouffe-les dès leur origine, sinon ils t'étoufferont toi-même.

L'orgueil est la cause de la plupart des haines.

Ne sois pas désireux des vains honneurs.

Le plus prudent cède.

Ne calomnie point ton prochain.

---

### LE PÈRE ET LE FILS.

Un père disait un jour à son fils Guillaume : Mon fils, tu viens de demander à Dieu de bénir la nourriture qu'il nous a donnée , et de la rendre profitable. Cette nourriture nous vient-elle donc de Dieu ?

*Guillaume.* — Oui , mon père.

*Le père.* — Cependant ces légumes ont été semés et cultivés par moi , puis ta mère les a fait cuire et les a placés sur la table.

*Guillaume.* — Mais nous ne pouvions les faire croître ; nous ne pouvions leur procurer, dans ce but, ni la pluie, ni le soleil ; nous ne pouvions nous accorder à nous-mêmes la santé nécessaire pour travailler la terre, ni créer non plus de l'eau et du feu pour les faire cuire, ni organiser le bois de telle façon qu'il brulât.

*Le père.* — Alors tes vêtements sont donc aussi un présent de Dieu ? cependant on peut les acheter.

*Guillaume.* — Oui , c'est aussi un présent de Dieu , mon bon père , car ils sont ou de chanvre , ou de laine. Or le chanvre se nourrit des sucs de la terre, comme le blé. La laine provient des brebis qui , elles-mêmes, se nourrissent de ce qui croît sur la terre. Cette puissance de végétation est un don de Dieu ; et si nous ne pouvions gagner d'argent par le travail manuel , lorsque nous sommes bien portants , nous ne pourrions rien acheter. Ainsi tout vient de Dieu.

*Le père.* — Mais Dieu donne-t-il tout cela directement ou indirectement ? l'homme doit-il faire quelque chose pour l'obtenir ?

*Guillaume.* — Il le donne indirectement, c'est-à-dire par des moyens intermédiaires, tels que la pluie, les rayons du soleil, l'herbe et le blé. Il est indispensable que l'homme se livre à un travail assidu et intelligent; mais Dieu bénit et protége notre travail si nous sommes pieux.

Alors le père, charmé de l'intelligence de son fils, l'embrassa et lui donna sa bénédiction en lui disant : « Dieu, mon fils, t'a accordé beaucoup de » connaissances ; fais maintenant tous tes efforts » pour apprendre aux autres les bonnes choses que » tu sais. »

Dieu a ordonné et organisé toutes choses avec la plus grande sagesse; il agit comme cause première, directement ou indirectement, sur tout ce qu'il a créé.

———

## LE PEUREUX.

Jean avait été envoyé par son maître à la ville pour y porter des socs de charrue; au moment où il entrait dans un petit bois, il aperçut un ramoneur qui suivait la même route que lui. Cette vue lui fit tant de peur, qu'il laissa tomber son fardeau, et s'enfuit, de toute sa vitesse, vers la maison, en sautant par dessus les haies et les fossés. Ses parents, gens peu sensés, l'avaient rarement envoyé à l'école ; il n'avait point appris que la superstition est une sottise, et il croyait aux sorciers et aux revenants.

Le ramoneur, qui riait de son effroi, emporta les socs, et Jean avait tellement perdu la tête, qu'il ne s'aperçut qu'il ne les avait plus que lorsque son maître les lui demanda ; il s'était tellement échauffé et tourmenté, qu'il eut une fièvre dont il fut sur le point de mourir ; il était convaincu qu'il avait aperçu un fantôme tout noir. Peu de temps après, le maître du ramoneur renvoya les socs au fermier chez lequel servait Jean. L'histoire se découvrit, et Jean devint la fable et la risée des enfants et des hommes, pour sa peur ridicule.

La peur est la compagne inséparable de l'igno-rance et de la superstition.

——

### LE SUPERSTITIEUX.

Un domestique, nommé François, mangea avec tant d'avidité des gâteaux que Louis, son cama-rade, lui avait donnés, qu'il en tomba malade. Comme il avait eu peu de temps auparavant une querelle avec Louis, il s'imagina que celui-ci l'avait ensorcelé au moyen de ces gâteaux. Pour en être tout-à-fait certain, il alla consulter, moyennant deux francs, une vieille femme trompeuse qui demeurait dans le village. Suivant l'usage, elle lui parla de mauvaises gens qui lui avaient fait quel-

que chose, etc. Pour lors, convaincu que ses soup-
çons étaient fondés, François se plaignit de Louis
à son maître.

Le maître était un homme judicieux ; il chercha
la cause de la maladie dans la réplétion de l'estomac, occasionnée par la grande abondance de
gâteaux que François avait si avidement mangés,
et il lui fit prendre un vomitif.

La vieille femme fut honteusement punie, parce
qu'elle favorisait l'ignorance.

François, ramené à la raison par de meilleures
leçons et le résultat du vomitif, demanda pardon
à Louis, et se réconcilia avec lui.

La superstition fait naître beaucoup d'inimitiés
entre des gens qui devraient cependant s'aimer les
uns les autres.

### L'INTEMPÉRANCE EST NUISIBLE.

Lorsque Christophe était invité à une noce ou à
une autre fête, il mangeait et buvait tant qu'il
perdait la raison et devenait malade. Quand il était
complétement ivre, il se battait avec des gens de
toute espèce, de sorte qu'on le rapportait chez lui
tout meurtri par les coups qu'il avait reçus.

Christophe s'imaginait que célébrer un jour de
fête et se réjouir, cela voulait dire servir des mets
et de la boisson en telle abondance que chacun dût

manger à en être malade, et boire à en perdre la raison. Il est vrai qu'il avait reçu peu de bonnes leçons, soit à la maison paternelle, soit à l'école ; aussi aucun homme raisonnable ne voulait faire partie de sa société.

Jouis avec joie des présents de Dieu, mais ne te laisse pas aller à l'intempérance.

Conserve une juste mesure en toutes choses. L'intempérance est une plus grande faute qu'on ne le croit généralement.

### LE MAUVAIS DOMESTIQUE.

Jean avait été élevé par de mauvais parents. Il servit dans sa jeunesse chez un maître négligent qui ne faisait aucune attention à ses affaires ; il y était devenu tout-à-fait débauché.

Il passait la nuit au cabaret, et le jour il dormait auprès de sa charrue, dans les champs, ou quelque part qu'il se trouvât seul. Il surmenait et excédait les bêtes de somme ; il revenait souvent ivre de la ville. Quelque suant que fût le bétail, il le conduisait ainsi baigné de sueur à l'abreuvoir. Les chevaux de son attelage étaient constamment blessés ou fourbus ; les maîtres qu'il servait perdaient en peu de temps, par sa négligence, tous les chevaux qu'ils possédaient. Enfin Jean mourut lui-même pauvre, misérable, et sans être regretté de personne.

La négligence, l'infidélité et la dédauche des domestiques, occasionnent de grandes pertes ; ce sont
des causes de ruine dans une maison.

----

## BONNES PENSÉES.

Je vous remercie, mon Dieu, de ce que vous
m'avez appris à distinguer le bien du mal. Je veux
faire le bien et éviter le mal ; venez à mon aide,
Seigneur, afin que je méprise les railleries des
hommes.

Dieu est le meilleur des amis ; il emploie, pour
nous rendre heureux, des moyens qui souvent
nous paraissent avoir un effet contraire.

Dieu n'abandonne pas l'homme pieux qui lève
les yeux vers lui avec la confiance d'un enfant pour
son père.

----

## IL EST UTILE DE SAVOIR LIRE ET ÉCRIRE.

Un homme qui avait beaucoup de dettes, et
qui était de mauvaise foi, apprit que Jean, qui ne
savait ni lire ni écrire, venait d'hériter d'une
somme d'argent qu'il prêterait volontiers à intérêt. Il alla le trouver, et lui demanda son argent
à emprunter, en promettant de lui donner par an
cinq francs pour chaque somme de cent francs,

d'engager sa brasserie au remboursement, et de lui rendre l'argent au bout d'un an , mais à condition *que personne n'aurait connaissance de cette affaire.* Jean accepta ; il donna l'argent, une plume, du papier et de l'encre à l'emprunteur, lequel couvrit une feuille de papier d'écritures qui n'avaient aucun sens, et signa un nom illisible. Jean conserva précieusement cette feuille , et le fripon emporta l'argent. Peu de temps après , ce dernier s'en alla dans un pays éloigné. Laissez-le courir , disait Jean, la maison m'est bien engagée , elle vaut plus que la dette. Le débiteur ne s'étant pas présenté à l'échéance , Jean s'adressa au tribunal pour faire vendre la brasserie et se faire payer sur le prix ; mais lorsqu'il montra son papier au tribunal , sa demande fut rejetée , parce que cet acte prétendu ne contenait pas un seul mot relatif à l'affaire. Les autres dettes de cet homme furent payées , quelque nombreuses qu'elles fussent, les créanciers ayant pris leurs précautions avec plus de soin que Jean, qui retourna chez lui comme il était venu.

En revenant au village , il disait tristement : Ah! si j'avais su lire et écrire, je n'aurais pas perdu mon argent. Depuis cette époque, il envoya tous les jours ses enfants à l'école pour y apprendre deux choses si utiles.

## LA CORRECTION.

Un dimanche matin, avant d'aller à l'église, Charles s'aperçut que son toit et ses instruments étaient endommagés, et il se proposa de les réparer le lendemain. A l'église, le curé prêcha sur l'obligation dans laquelle est chaque homme de se corriger de ses défauts ; il dit comment on doit souvent s'étudier soi-même, et examiner si l'on n'a point en soi de mauvaises habitudes, de même qu'un bon fermier doit souvent examiner ses instruments, pour voir s'ils ne demandent aucune réparation. Charles fut frappé de ce discours, et en s'examinant il trouva, entre autres défauts, qu'il était porté à la colère. Après le sermon il se rendit auprès du curé, et il lui dit qu'il se repentait d'avoir souvent agi injustement, et d'avoir offensé plusieurs personnes dans des accès de colère; il lui demanda conseil, et le pria de lui indiquer le moyen de se débarrasser de cette mauvaise habitude. Alors le bon curé lui conseilla d'aller vers ses ennemis et de se réconcilier avec eux , ensuite de prendre chaque jour dans sa prière la résolution de ne pas céder aux tentations de colère qui se présenteraient.

Charles ayant mis en pratique ces bons avis, devint en peu de temps plus calme, et par conséquent meilleur qu'auparavant. C'est là ce qu'on entend par *se corriger* ou *se convertir*.

L'homme doit travailler toute sa vie à se corriger de ses défauts.

------

### LE PAUVRE BIENFAISANT.

Charles était au service d'un maître bon mais peu fortuné, de telle sorte que dans la mauvaise saison il manquait souvent de bien des choses. Cependant Charles ne murmurait jamais, comme plusieurs le font ; mais il se tirait d'affaire du mieux qu'il pouvait, et en voyant les nombreux mendiants qui erraient alors dans la campagne, il se disait à lui-même : Combien je suis plus heureux que ces pauvres gens ! j'ai un abri, une chambre, un lit, de la nourriture, et eux ils manquent absolument de tout. Alors il partageait avec les pauvres le peu de pain qu'il avait, il intéressait en leur faveur les gens riches, ou bien encore il leur donnait de bons conseils.

Les pauvres eux-mêmes ont bien des manières de se montrer bienfaisants envers ceux qui sont encore plus pauvres qu'eux.

------

### LES ÉTRANGERS.

Un homme et sa femme, chassés de leur pays, pendant un hiver rigoureux, par de méchantes gens, se réfugièrent dans un petit village. Ils ex-

2*

posèrent avec sincérité et d'une manière touchante leur position aux habitants, et demandèrent la permission de vivre parmi eux. Il y avait dans ce village des hommes bons et hospitaliers ; on accueillit très-amicalement les deux étrangers, on leur assigna un lieu d'habitation, et on pourvut à leurs besoins les plus pressants.

Voyez, mes enfants, comment Dieu récompensa cette hospitalité. Ces étrangers apprirent par reconnaissance aux gens du village beaucoup de choses utiles et nouvelles, et différentes méthodes de culture qui rendirent leur agriculture plus florissante qu'auparavant ; ils leur firent connaître des herbes fourragères, qu'ils purent recueillir et engranger pour la nourriture du bétail à l'étable. Ce fut une source de richesses pour ces villageois.

Partage ton pain avec celui qui a faim ; reçois dans ta demeure celui qui est malheureux.

---

## LES JOURNALIERS.

Le journalier Nicolas était paresseux et débauché : personne ne voulait lui donner du travail, car il ne faisait que distraire les autres ouvriers ; il aurait fallu, pour le faire travailler, placer auprès de lui quelqu'un chargé de le surveiller.

Comme on ne lui donnait de la besogne que

dans les cas pressés, et lorsqu'on ne pouvait avoir
d'autres ouvriers, il gagnait peu et ne cherchait
point à améliorer sa position ; d'un autre côté , il
perdait chaque jour de ses forces, et le travail
lui était de plus en plus pénible. Sa femme et ses
enfants manquaient souvent de pain à cause de sa
paresse ; il devint bientôt chagrin, grondeur et
envieux. Un soir qu'il retournait chez lui après
le travail , il se plaignait en ces termes à un journalier laborieux qui l'accompagnait : « Ça va
» bien mal pour nous, pauvres travailleurs que
» nous sommes ! — Mais non , répondit l'autre ;
» ça va mal seulement pour les paresseux : car
» celui qui peut et veut travailler ne manque
» de rien, sans avoir ni abondance ni superflu. »
La paresse produit la pauvreté.

### LE RECÉLEUR.

Un homme ne volait pas lui-même , mais il
cachait chez lui des voleurs et se chargeait de la
vente des objets volés. Les voleurs furent découverts, et cet homme, déclaré leur complice par
le tribunal , fut condamné avec eux à aller en
prison.

Ne sois ni recéleur ni voleur.

Celui qui voit voler ne doit pas craindre de le
déclarer.

Celui qui achète un objet volé est complice du voleur.

———

## LES DEUX PAYSANS.

Georges et Martin avaient chacun vingt hectares de terre : Georges en acheta quarante hectares de plus ; mais alors il fut obligé de prier Martin de lui prêter de l'argent. Martin lui dit : « Compère Georges , comment cela se fait-il ? » vous voulez m'emprunter de l'argent , et vous » avez beaucoup de terres, tandis que j'en ai bien » peu ? — Je vais vous le dire , repartit Georges. » Vous avez peu de terres , vous pouvez donc les » cultiver vous-même ; mais moi , je dois entretenir » à grands frais des domestiques qui travaillent » à contre-cœur , sont paresseux, labourent mal , » tourmentent mon bétail mal à propos, et me » rendent malade d'impatience. Voilà pourquoi » je suis embarrassé dans mes affaires , quoique je » paraisse plus riche que vous. »

Celui qui embrasse trop à la fois finit par ne rien conserver.

Celui qui entreprend trop exécute peu.

Ce qu'un homme laborieux fait lui-même , réussit beaucoup mieux que ce qu'il fait faire en payant.

———

## L'HOMME QUI MANQUE DE CONFIANCE.

Le fermier Jean était malade et manquait de tout ; comme il était extrêmement méfiant , il n'osa pas s'adresser à son maître pour lui faire demander des remèdes et des aliments , dans la crainte qu'il ne les lui refusât : il ne dit rien non plus de sa misère au curé qui venait le visiter , de sorte que personne ne sachant que des secours lui étaient indispensables, il mourut misérablement.

Quand on éprouve un besoin réel , il faut le faire connaître à ceux dont on peut attendre des secours, et prier Dieu, le père de tous les hommes, qu'il vienne au secours de ses enfants.

Dieu n'abandonne jamais les hommes , mais il ne les secourt pas toujours comme ils le désirent ; il accorde aux uns les biens qu'ils demandent, il délivre les autres de tout mal , et , quand ils l'ont aimé pendant leur vie , il leur donne le repos et le bonheur éternels.

---

## LA PUNITION.

Il y avait un homme, dans un village, qui possédait beaucoup d'argent ; comme il avait peu de jugement , il s'en faisait beaucoup accroire sur sa richesse, et voulait faire tout céder devant elle. Une fois , cet homme ayant commis une mauvaise action, devait être puni pour l'exemple d'autrui ; le juge le condamna à un châtiment corporel et public , pour humilier son orgueil. Il se présenta avec une somme d'argent, afin d'acheter une dispense de punition : « Non, lui dit le » juge, vous avez péché publïquement et par or- » gueil, vous devez donc aussi être puni publique- » ment et humilié. Le riche doit se bien conduire » et se soumettre aux lois comme le pauvre. » Tous les gens du village louèrent l'équité de cette sentence.

Ne fais nulle attention aux présents du riche dans un procès, mais juge avec impartialité.

Le pauvre et le riche doivent obéir aux commandements de Dieu et de l'autorité.

On doit arrêter le méchant par de sévères punitions, même par des corrections corporelles.

___

### L'HYPOCRITE.

Nicolas servait chez un maître qui avait beaucoup d'affaires , et qui ne pouvait surveiller ses gens que de temps à autre. Nicolas remarqua ses heures de surveillance , et lorsqu'il savait que son maître devait venir , il travaillait comme s'il eût voulu se tuer à la peine. Le maître était-il parti, il abandonnait complétement le travail pour faire des choses inutiles. A l'église, il se montrait pieux, soupirait, pleurait même ; mais en secret il commettait les actions les plus honteuses. Son maître le crut longtemps un fidèle serviteur ; car il l'entendait dire qu'il est mal d'être paresseux et infidèle, et il recevait de lui des plaintes sur les mauvais traitements que, disait-il, ses camarades lui faisaient souffrir, à cause de sa fidélité. Mais un jour il le surprit à l'improviste commettant un vol. Nicolas ayant été mis en prison pour ce vol, on apprit alors toutes ses mauvaises actions, de telle sorte qu'il fut doublement puni.

L'hypocrisie est le plus honteux de tous les défauts, car elle cherche à tromper, non-seulement les hommes, mais Dieu même. Ne croyez pas qu'on se moque de Dieu impunément.

---

### LA BONNE HABITUDE.

Guillaume était dans l'usage de rassembler, le dimanche soir, ses enfants et ses domestiques, pour leur demander ce qu'ils avaient retenu du sermon ; il honorait d'une manière particulière celui qui répondait le mieux, et se plaisait à causer avec lui. Un domestique qui avait servi chez Guillaume, était reconnaissable pendant toute sa vie, car il y avait appris quelque chose de bon.

Que de mal s'accomplit le dimanche! On ne célèbre bien le dimanche que par de bonnes œuvres.

———

### GEORGES.

Georges avait été gâté par ses parents; il ne mangeait ni de ceci ni de cela; il critiquait la nourriture, et donnait ainsi le mauvais exemple à ses compagnons de service; en sorte que des mets qu'il aurait dû manger en remerciant Dieu de ce qu'il les avait donnés, étaient méprisés et demeuraient abandonnés. Georges achetait de petits pains blancs ou des gâteaux et du sucre, et dépensait ainsi follement son salaire. Il ne restait pas long-temps chez un maître, mais il était au contraire promptement renvoyé, car partout il occasionnait du trouble. Une disette étant venue, Georges, pressé par le besoin, allait mendier à la porte des maîtres dont il avait souvent dédaigné la nourriture, et il se trouvait fort heureux d'obtenir avec peine un morceau de pain moisi.

« Mon Dieu, disait-il, j'ai bien mérité ce qui » m'arrive ici; car combien de fois ai-je trouvé » mauvaise d'excellente nourriture! combien de » fois ai-je repoussé les mets qu'on me servait! » Aujourd'hui je n'ai pas même le nécessaire, je » meurs de faim. »

Que chacun s'applique cet exemple.

## DES AVANTAGES DE LA PIÉTÉ ET DES DANGERS DU CRIME.

Les bienfaits de Dieu sont immenses, nous devons l'en remercier pendant toute notre vie.

La manière de remercier Dieu de ses bienfaits est d'obéir à sa loi, car tout ce qu'on donne n'est rien quand on ne donne pas son cœur. Honorer Dieu, c'est faire avec plaisir sa volonté.

Dieu sait parfaitement ce qui nous convient. Celui qui le sert demeure à l'abri d'une foule de peines et d'inquiétudes ; mais celui qui l'oublie, croyez-le fermement, n'a jamais de jours tranquilles. Un crime le conduit à un autre crime ; pour se cacher, il doit fuir sa maison et son pays. L'autorité suit au loin les pas errants du méchant. L'inquiétude l'accompagne partout où il va. Quand il s'arrête, la peur et le chagrin le rongent ; les mauvais desseins, les mauvaises actions, lui interdisent le repos, le plus léger sommeil.

Mais celui qui a un cœur pur, qui pense sans cesse à Dieu et à ses bienfaits, qui l'honore par son obéissance, celui-là est protégé par le Seigneur, il est comblé de ses dons.

------

## L'ILLUSION QU'ON SE FAIT A SOI-MÊME.

Deux femmes qui, depuis longtemps déjà, étaient devenues ennemies, se rencontrèrent un jour à la fontaine , et chacune voulut y puiser la première, disant que son bétail ne pouvait pas attendre un seul instant. Il s'ensuivit une violente discussion qui ne se termina que lorsque leurs maris vinrent les emmener chacune de son côté , au milieu des éclats de rire des voisins : or le bétail auquel elles s'étaient si fort intéressées, avait souffert de la soif pendant tout le temps de cette longue querelle.

L'homme se trompe ainsi lui-même lorsque de mauvais mouvements s'agitent dans son cœur. Ces femmes croyaient qu'elles se querellaient seulement à cause de leur bétail , et cependant elles se disputaient uniquement parce qu'elles se haïssaient. Elles eussent certainement permis volontiers à toute autre personne de puiser la première.

Faites bien attention, mes enfants , aux penchants secrets qui s'élèvent en vous, pour qu'ils ne vous conduisent pas à des actions mauvaises et honteuses.

### LE MALADE PRUDENT.

Guillaume eut un jour la fièvre, par suite d'une mauvaise digestion. Ses voisins vinrent lui proposer des remèdes de toute espèce : l'un voulait lui faire prendre une médecine , l'autre lui faire avaler de l'eau qu'il avait achetée à un charlatan; un troisième conseillait sérieusement d'aller consulter un sorcier. C'était à qui ferait les propositions les plus folles.

Mais Guillaume leur dit : « Je ne ferai rien de
» tout cela, ma santé m'est trop chère ; je pourrais
» bien, en voulant me débarrasser de la fièvre,
» me donner une maladie beaucoup plus forte. »

Guillaume était un homme prudent ; il envoya chercher un médecin qui, moyennant un remède peu coûteux, chassa de son corps la cause de la fièvre, et alors la fièvre cessa ; car il n'y a point d'effet sans cause.

## L'IMPATIENT.

Nicolas était malade, et la maladie se terminait par une éruption sur la peau. Le médecin qui le visitait lui conseilla de se tenir en repos pendant quelques jours, de se bien garder du refroidissement, et de souffrir patiemment la douleur de l'éruption qui dissiperait le mal, sans l'augmenter en se frottant et se grattant la peau. Mais Nicolas ne suivit pas ces sages conseils ; il se refroidit et se gratta de manière à s'écorcher partout. Aussi ses douleurs s'accrurent, et il devint de plus en plus impatient ; enfin la maladie augmenta par suite d'un refroidissement continuel, et Nicolas mourut dans les plus grandes souffrances.

La patience est préférable à la force.

Quelques maladies produisent une douleur très-sensible ; mais loin d'être dangereuses, elles sont au contraire le plus souvent très-salutaires, et le malade guérit complétement s'il les supporte avec patience.

——

## L'HOMME D'UN CARACTÈRE DOUX.

Lorsque Jean fut nommé maire et qu'il établit l'ordre dans le village , il fut d'abord détesté et souvent même gravement injurié par les voisins ; mais loin de se plaindre, il leur disait : « Mes » amis, pourquoi m'injuriez-vous ? je cherche » votre bien-être à tous. Sans ordre nul village » ne peut être heureux ; avec le temps vous le » comprendrez mieux, et vous me remercierez. »
Celui qui est maître de soi-même est plus grand que celui qui gagne des batailles.

Ne rendez pas le mal pour le mal ; mais supportez-le patiemment. Si vous souffrez pour quelque bon motif, vous ressemblerez ainsi à votre sauveur Jésus-Christ.

——

## LES MAUVAIS PAYSANS.

Les paysans d'un certain village avaient dans tout le pays la plus mauvaise réputation. C'étaient en effet de méchantes gens. Ils déplaçaient en secret les bornes qui séparaient leurs propriétés de celles de leurs voisins. Quand une de leurs pièces de terre côtoyait une bruyère ou un pâturage, ils labouraient chaque année une petite portion du terrain contigu, espérant augmenter, de cette manière, leur champ aux dépens de celui d'autrui.

Ils faisaient souvent paître leurs troupeaux dans les réserves, ou dans d'autres lieux défendus, lorsqu'ils savaient qu'il n'y avait pas de surveillance; ou bien ils les laissaient courir sans berger et faire du dommage. S'ils avaient quelque paiement à faire, ils trompaient le créancier tant qu'ils pouvaient. Ils ne s'occupaient point de leurs enfants, et ne les envoyaient pas une seule fois à l'école. Ils allaient eux-mêmes aussi rarement que possible à l'église, le seul lieu cependant où ils auraient pu entendre quelque chose de bon, et se convaincre de leur inconduité. Mais malgré tous leurs efforts pour s'approprier injustement le bien d'autrui, ils demeurèrent pauvres, et ils s'attirèrent le mépris de toute la contrée.

Ne convoitez pas le bien d'autrui.

Pratiquez la justice, et fuyez l'injustice, car elle est un grand péché.

Ceux-là seulement qui aiment l'équité peuvent être calmes et heureux dans cette vie et bienheureux après leur mort.

## LE FERMIER PRUDENT ET LA DISETTE.

Dans une année malheureuse tout le blé fut perdu à cause des pluies, et l'hectolitre de seigle valait quarante francs. Georges calcula qu'il en employait ordinairement soixante hectolitres pour le pain de sa maison, et il commença à faire des épargnes aussitôt après la moisson. Pour cela il acheta trente hectolitres de pommes de terre, à dix francs l'hectolitre, ce qui faisait trois cents francs; puis il vendit trente hectolites de seigle, pour douze cents francs; et comme il mangea des pommes de terre, au lieu d'employer une aussi grande quantité de pain qu'à l'ordinaire, la disette qui causa des pertes à beaucoup de monde, lui fit au contraire gagner neuf cents francs.

L'homme prudent prend ses précautions long-temps d'avance, car lorsque la nécessité arrive il est trop tard.

——

## LE BONHEUR DE L'HOMME VERTUEUX SUR LA TERRE.

Guillaume, dans sa jeunesse, avait été envoyé à l'école par ses parents, et il s'était habitué de bonne heure à l'activité et à l'honnêteté; aussi était-il sage et aimant le bien.

Lorsqu'il fut devenu grand et qu'il voulut se marier, il choisit une personne active et ver-

tueuse qu'il connaissait, et son mariage fut heureux, car sa femme et lui s'aimèrent tendrement
et dirigèrent leur maison avec ordre. Leur activité réciproque augmenta leurs richesses, dont ils
employèrent une partie à faire du bien. Leur conduite leur attira l'estime de chacun, car ils venaient aussi au secours de leur prochain par
leurs conseils et leurs actions.

Ils évitèrent toute querelle, ne se mêlèrent
point des choses qui ne les regardaient pas, donnèrent à chacun ce qui lui appartenait, et n'eurent
ainsi ni procès à soutenir, ni amendes à payer, ni
rien à démêler avec l'autorité.

Comme ils vécurent avec sobriété, qu'ils ne se
querellèrent et ne s'affligèrent point mutuellement,
ils demeurèrent bien portants et atteignirent une
joyeuse vieillesse.

Leurs enfants tournèrent à bien, parce qu'ils
leur mirent de bons exemples sous les yeux, et
qu'ils les accoutumèrent dès leur bas âge à pratiquer le bien.

Ainsi la vertu est le plus sûr chemin vers la
félicité.

***

### LE TESTAMENT.

Henri était dangereusement malade. Le curé lui
dit : « Ne voulez-vous pas faire un testament, et
» y établir vos dernières volontés, relativement à

» vos biens et à votre succession ? Mon cher mon-
» sieur le curé, répondit Henri, j'ai fait tout
» cela, il y a longtemps déjà, lorsque j'étais bien
» portant, afin de ne pas avoir à m'en occuper à
» mon lit de mort. J'ai écrit moi-même mes der-
» nières volontés, ou mon testament, et je les a
» déposées chez un notaire. » Le curé loua cet
homme prudent d'avoir non-seulement aimé
l'ordre, mais encore d'avoir songé à la mort pendant qu'il était en bonne santé.

Songez souvent à la fin de votre vie, et vous
serez sage dans toutes vos actions.

———

### LE JEUNE HOMME MOURANT.

Un jeune homme qui avait été très-assidu à
l'école, et très-soumis à ses parents, était atteint
d'une maladie mortelle. Ses parents avaient con-
sulté un habile médecin dès le commencement de
la maladie ; elle était incurable. Ils s'affligèrent
donc beaucoup, lorsqu'ils virent qu'ils devaient
perdre un si bon fils ; ils sanglotaient près de son
lit. Le mourant prononça alors ces remarquables
paroles : « Ne pleurez pas, ne vous affligez pas
» ainsi, sans mesure, de ma mort, mes chers pa-
» rents ; Dieu, par une raison sage, fait mourir
» l'un de bonne heure, l'autre tard. Celui qui
» l'aime, et qui a confiance en lui, n'est jamais

» malheureux de mourir. Cette croyance me con-
» sole maintenant ; ma mort n'est qu'un change-
» ment d'état ; je passe de celui dans lequel j'ai
» été jusqu'à ce jour à un autre bien meilleur ;
» ne dois-je pas me réjouir? Comme je sais que
» vous me désirez toute sorte de biens, mes bons
» parents, réjouissez-vous donc aussi, et recevez
» mes remercîments pour m'avoir donné une édu-
» cation chrétienne, car elle apprend comment on
» peut vivre heureux et mourir en paix. »

La mort n'est à craindre que pour ceux qui ont
mal vécu.

Voyez, mes enfants, par de tels faits, combien
on peut apprendre de choses utiles dans une bonne
école.

———

## IL Y A PLUS DE BIEN QUE DE MAL DANS LE MONDE.

Christian disait souvent à ses enfants : « En-
» fants, si vous êtes heureux, si vous mangez
» avec plaisir, si vous êtes bien portants, si le
» temps est beau, si les oiseaux chantent, si l'as-
» pect de la moisson ou le parfum des prairies
» vous réjouit, pensez alors à Dieu qui vous
» accorde tous ces biens. Je suis un vieillard ;
» mais lorsque je songe au passé, je vois que Dieu
» m'a donné beaucoup plus de joies que de con-
» trariétés à éprouver, et vous, enfants, vous

» direz plus tard la même chose. Pour un jour de
» maladie, par exemple, combien de jours de
» santé !

   » L'homme se crée à lui-même la plupart de
» ses peines, par ses désordres et par ses fautes.

   » Le monde n'est point une vallée de larmes
» pour celui qui témoigne à Dieu son amour par
» sa reconnaissance, et qui l'honore par son
» obéissance.

   » Si le malheur qui nous frappe est mérité,
» c'est une punition dont nous devons profiter
» pour nous corriger ; si nous n'avons rien fait
» qui ait pu nous l'attirer, nous devons penser
» que Dieu, le meilleur et le plus sage des pères,
» a des desseins sur nous, par exemple, qu'il
» veut nous exercer à la patience. »

Dans cette vie, il n'y a ni bonheur parfait ni
bonheur éternel. Celui qui veut être un jour éternellement heureux doit apprendre d'abord à être
vertueux et bon, à être reconnaissant et mo-
déré dans le bonheur et patient dans l'infortune.
Une félicité perpétuelle après la mort est la
récompense de l'homme pieux. C'est déjà une
grande faveur de Dieu, qu'ici-bas, dans ce
monde, il y ait plus de bien que de mal, et que
nos années d'épreuve elles-mêmes nous soient
douces et agréables.

## LE BUT ET LE MOYEN.

Elisabeth disait à la maîtresse chez laquelle elle
servait : « Je voudrais bien m'instruire, autant
» qu'il est possible, sur Dieu, sur sa volonté, sur
» ce qu'il a prescrit et défendu. Je voudrais sa-
» voir comment je puis devenir constamment
» heureuse, même après la mort. — Pour cela,
» lui répondit sa maîtresse, il faut que tu écoutes,
» c'est-à-dire que tu donnes ton attention, et que
» tu comprennes ce qui te sera enseigné. Il faut
» aussi lire, c'est-à-dire apprendre à connaître les
» ouvrages imprimés ou manuscrits et leur signifi-
» cation.

» Pour écouter, on va au sermon.

» Celui qui sait lire peut lire chez lui, soit dans
» l'Evangile, soit dans le livre de Cantiques, soit
» dans tout autre bon livre.

» Au sermon on explique les saintes Ecritures,
» et quand cela a lieu convenablement, on ap-
» prend de plus en plus à les mieux comprendre.
» Tu dois mettre en pratique le bien que tu as
» appris, et, en outre, prier Dieu chaque jour,
» afin qu'il t'accorde la sagesse.

» Voilà le moyen d'accomplir ton désir; si tu
» l'emploies avec zèle, tu atteindras ton but. »

Ce que l'on désire obtenir, c'est le *but*.

Ce qui sert à atteindre le but, c'est le *moyen*.

Celui qui se propose un but louable, comme le

fait ici Elisabeth, celui-là est en voie d'amélioration.

Celui qui choisit un moyen droit, pour atteindre
un but honorable, celui-là est sage.

Ceux qui nous font connaître ce moyen, comme
les parents, les instituteurs, les ministres de Dieu,
et les vrais amis, méritent nos plus grands remercîments.

———

### LE BON SOLDAT.

Lorsque Guillaume, fils de Christophe, fut
grand, il devint soldat. Il alla de bon gré au régiment, car il avait appris à l'école que l'on doit
être obéissant, ne pas murmurer, et ne pas suivre
sa propre volonté. Et il pensait en lui-même : Dieu
m'a destiné à cet état; car tout ce qui arrive,
arrive par la sage et bienveillante volonté de Dieu.

Lorsqu'il dut apprendre ce qu'on doit savoir
comme soldat, il y apporta une grande attention,
car à l'école on l'avait habitué à être attentif : aussi
n'encourut-il aucune punition pour négligence;
loin de là, il fut en peu de temps aussi habile que
le meilleur soldat de la compagnie; et comme il
savait parfaitement lire et compter, le trésorier du
régiment le prit pour secrétaire.

Il se conduisit très-bien pendant la guerre. Il
était constamment là où il devait être, ne pillait,
ne volait pas, se contentant de sa solde. Il exécutait

sans trembler les ordres qu'on lui donnait, et encourageait souvent ses camarades dont le courage faiblissait : « Amis, leur criait-il, celui qui a » confiance en Dieu a du cœur ! Si nous faisons » notre devoir, Dieu aura soin de nous ! Celui qui » abandonne son poste est un lâche. »

Guillaume devint bientôt sergent, puis sergent-major. Enfin il jouissait de l'estime et de l'amitié de tous ceux qui le connaissaient, et avait de bons appointements.

Celui qui, dans sa jeunesse, a appris à faire son devoir, et qui le fait réellement lorsqu'il est devenu homme, peut s'abandonner avec confiance à Dieu dans le danger et dans les difficultés de la vie ; il en recevra de grandes consolations.

---

### LA FEMME SAGE.

Jeanne avait un mari très-enclin à la colère, et qui, en toute occasion, s'emportait avec violence. Jeanne le remarqua, et elle lui épargna avec le plus grand soin tout sujet de contrariété ; elle fut si assidue et si régulière dans sa conduite, que son mari ne put trouver presqu'aucun motif de querelle. Si cependant elle lui voyait prendre de la mauvaise humeur, elle se montrait encore plus amicale pour lui qu'à l'ordinaire et ne lui répondait point.

Souvent, lorsqu'elle était seule, elle priait Dieu,

pour qu'il accordât à son mari de devenir meilleur et plus patient. Ses prières furent exaucées. Dieu toucha le cœur de son mari, et un soir, avant d'aller souper, il pria sa femme de lui pardonner, et lui promit sincèrement de se corriger. Jeanne demanda alors avec lui à Dieu de l'aider dans ce dessein; et depuis ils vécurent heureux et contents.

Une femme sage peut beaucoup pour la conversion de son mari au bien. Celui qui aide un homme à devenir vertueux, a une grande récompense à attendre de Dieu.

----

## LES BONS ÉPOUX.

Une veuve gisait malade et seule dans une misérable hutte. Un jour, pour la célébration d'une noce, on fit cuire, au village, une grande quantité de mets; et la mariée dit à son époux : « Nous » sommes heureux, Dieu merci, nous avons du » superflu, mais combien de gens sont dans le » besoin ! Faisons une bonne action pour célé- » brer le jour de notre mariage, et envoyons ou » portons nous-mêmes un peu de nourriture à » la pauvre malade. — Vous avez raison, répondit » le mari, et je vous aime encore davantage, à » cause de ces bons sentiments. » Ils prirent alors quelques mets, et ils les portèrent à la pauvre

femme ; ils veillèrent à ce que cette malade, jusqu'alors abandonnée, eût des remèdes et une
garde. La pauvre femme pleura de joie, et bénit
les deux époux, qui retournèrent à la maison nup-
tiale, tout joyeux de leur bonne action qu'ils se
gardèrent bien de divulguer aux convives.

---

### LETTRES.

Une veuve avait une fille unique, Marie, qu'elle
aimait beaucoup ; mais comme elle ne pouvait la
garder près d'elle à cause de sa pauvreté, elle la
mit au service d'une bonne maîtresse, dans un village voisin de sa demeure. La maîtresse partit
bientôt pour une grande ville. Marie dut l'y
suivre. Et quoique la mère ne vît pas avec plaisir
que sa fille allât servir à la ville, il fallut cependant qu'elle l'y laissât aller ; car elle était au milieu de son année de service, et sa maîtresse
d'ailleurs l'aimait beaucoup. Mais lors du départ
elle exhorta cordialement sa fille à fuir les séduc-
tions de la ville, et Marie lui répondit : Bonne
mère, je sais écrire, vous le savez aussi, écrivez
moi donc de temps en temps, et rappelez-moi les
promesses de me bien conduire que j'ai faites à
Dieu et à vous. — Quelque temps après, la mère
écrivit la lettre suivante à sa fille :

« Ma chère fille,

» Comment te trouves-tu dans ta nouvelle position? Es-tu toujours bonne et pieuse? Évites-tu de commettre aucun péché et d'agir contre les commandements de Dieu et de l'Église? Je prie Dieu chaque jour de venir au secours de ta jeunesse et de ton inexpérience. Fuis l'oisiveté, crée-toi sans cesse de nouvelles occupations utiles à ton corps ou à ton âme. Vis en paix et unie avec ta maîtresse et tes camarades de service. Cherche, autant que tu le pourras, l'avantage de ta maîtresse, et en récompense elle viendra à ton secours et s'occupera de ton bien-être; et quand même elle ne t'en remercierait pas, tu aurais toujours rempli ton devoir et fait une chose agréable à Dieu. Dieu, ma fille, fait tout servir pour le bien de ceux qui l'honorent et lui obéissent. Porte-toi bien de corps et d'esprit, c'est le souhait de ta bonne mère. »

*Réponse de la fille.*

« Ma chère mère,

» Qu'il est heureux que vous sachiez écrire, et que je le sache aussi! Nous sommes si loin l'une de l'autre, et nous pouvons cependant quelquefois causer aussi intimement que si nous étions ensemble. Votre bonne lettre m'a bien fortifiée. Vous avez bien raison, mon excellente mère, de

me prévenir contre l'oisiveté. A la campagne,
quand mon travail habituel était fini, j'allais dans
le jardin ou dans les champs, et j'aidais les travailleurs. Ici ce n'est plus cela du tout. Mais nous
avons souvent sermon pendant la semaine ; alors
je travaille activement auparavant, et, si cela est
possible, je demande à ma maîtresse la permission
d'y aller.

» Ma maîtresse est contente de moi, et moi je
suis très-contente d'elle. Je traite mes compagnons de service honnêtement, comme il convient à une jeune fille ; et, si quelquefois ils
agissent injustement à mon égard, je les laisse
dire, sans m'emporter, car je pense que, si ma
conscience ne me reproche rien, des injures non
méritées ne peuvent me blesser.

» Bonne mère, vous ne me blâmerez pas ? —
Je mets dans cette lettre vingt francs que j'ai de
superflu ; j'en ai encore dix autres, et mes vêtements sont en bon état. Acceptez ces vingt francs
de votre fille chérie, employez-les à vous soigner
dans votre vieillesse. Je ne pourrai assez reconnaître, pendant ma vie entière, tous les bienfaits
dont vous m'avez comblée. N'est-il pas vrai,
bonne mère, vous ne serez pas fâchée pour cela
contre votre obéissante fille,

MARIE. »

———

### LE CHOIX PRUDENT.

Un homme sage voulait se marier. Il alla dans
une maison où il y avait deux sœurs.

L'une était jolie, se parait avec plaisir, mais ne
s'occupait pas très-volontiers d'un travail utile.

L'autre, au contraire, était active, faisait tout
dans la maison, et avait soin de toute la ferme.

Laquelle des deux épousa-t-il?

---

### AVANTAGES DE L'AUTORITÉ.

Dans un village habitaient quatre fermiers de
conduite régulière, c'est-à-dire de ceux qui aiment
l'ordre et la justice; et douze fermiers de conduite
irrégulière, de ces gens qui ne veulent se soumettre
qu'à leur propre volonté, et ne se prêter en rien
au bien-être commun. Une petite rivière traversait
les champs de ce village; dans les crues, elle rom-
pait souvent ses digues, et ses inondations nuisaient
aux champs et aux prairies. Les quatre bons fermiers élevaient des digues et faisaient tous leurs
efforts pour obvier au mal; mais c'était trop de travail pour eux. Les douze mauvais ne les aidaient
en aucune manière, et par entêtement ils aimaient
mieux souffrir des pertes que de leur prêter assistance.

Le village était tellement boueux et tellement

sale, que dans l'hiver le bétail restait sur la litière, et qu'on ne pouvait sans peine, ni même sans perte, enlever le fumier des cours. Les quatre bons fermiers disaient souvent aux autres : « Aidez-nous, » et nous paverons le village avec des pierres ramassées dans les champs. » Mais les douze mauvais préféraient faire toute autre chose. L'agriculture était leur moindre souci.

Le village, qui possédait au loin des terres de mauvaise nature, avait peu de bois, et sa disette augmentait de plus en plus sous ce rapport. « Laissez-nous faire des réserves, disaient les sages » fermiers, pour y semer du bois, et empêchez le » bétail de brouter les jeunes arbres, jusqu'à ce » qu'ils soient devenus grands. — Cela nous » plairait assez, répondaient les douze négligents ; » mais maintenant nous chassons nos chevaux » hors du village, nous les laissons courir où ils » veulent ; il nous faudrait donc cesser cet usage ? » Enfin ils ne manquaient jamais de s'opposer aux bons projets.

Mais une autorité régulière ayant été établie dans le village, il en fut tout autrement. Les sages cultivateurs furent loués et protégés ; les autres durent se soumettre à la règle, et les récalcitrants furent punis.

L'autorité est le moyen que Dieu emploie pour régir les hommes.

L'autorité est établie de Dieu; elle punit les méchants, protége et secourt les bons.

Que chacun soit donc soumis à l'autorité qui a pouvoir sur lui.

---

### L'ORAGE.

Un jour que Frédéric travaillait aux champs avec Guillaume, il survint un violent orage accompagné d'éclairs et de coups de tonnerre. « Viens, » Guillaume, s'écria Frédéric; là-bas se trouve » un arbre creux dans lequel nous nous mettrons » à l'abri de l'orage. Le tonnerre et les éclairs » m'épouvantent. — Non, répliqua Guillaume, je » ne suis pas assez fou pour cela. Il n'est pas pru- » dent de se mettre, pendant l'orage, sous des ar- » bres dont la tige est élevée, car le tonnerre tombe » très-souvent sur eux. L'orage est un bienfait du » ciel; il émeut la terre, fertilise la campagne par la » pluie chaude dont il l'arrose, enfin il purifie l'air. » Si je me mouille, mon vêtement sera bientôt » sec; et en plein air, je cours moins de danger » que dans ce tronc creux. » Frédéric se laissa persuader par la fermeté de Guillaume, fondée sur des idées raisonnables, et il demeura près de lui. Ils parlaient encore lorsque le tonnerre fou- droya l'arbre sous lequel il voulait se réfugier.

Revenu de son effroi, Frédéric se jeta au cou

de Guillaume en le remerciant. « Mon cher Guil-
» laume, lui disait-il, tu m'as sauvé la vie.—Seu-
» lement à demi, repartit Guillaume, tu dois
» l'autre moitié à ton obéissance à suivre mes
» conseils. »

La peur augmente toujours le danger.

Le peureux souffre doublement, savoir, et des
dangers réels et des dangers imaginaires; et il ne
sait point se tirer de peine s'il lui reste encore quelques moyens de salut.

***

### LA LENTILLE (LE VERRE A BRULER.)

Un jour de printemps, le soleil brillait avec
beaucoup d'éclat dans la classe. Les écoliers avaient
été fort attentifs; leur maître, en récompense,
voulut leur faire plaisir. Il prit un verre à brûler,
et il leur dit : « Enfants, que pensez-vous de cela?
il n'y a point de feu dans la chambre, et cependant, avec le secours de ce verre, je vais embraser
un morceau d'amadou. » Il s'avança alors vers le
point où brillait le soleil, puis il fit tomber à travers le verre, et à une certaine distance, les rayons
solaires sur l'amadou qui s'enflamma. Un des enfants qui réfléchissait plus que les autres, lui dit :
« Mon cher maître, n'est-il pas vrai que c'est le soleil
qui brûle, et qu'il n'y a point de feu dans le verre?
— Oui, répondit le maître, tu as raison, le verre

est seulement le moyen auxiliaire ; il rassemble les rayons solaires, parce qu'il est taillé d'une manière particulière. Mais qui de vous remarque encore une chose nécessaire pour que l'amadou s'enflamme ? » Alors les enfants supposèrent tantôt ceci, tantôt cela, mais aucun ne trouva juste. Les suppositions ne servent à rien, dit le maître, là où il faut simplement voir et observer. Je vais vous dire ce que vous cherchez. Il faut tenir le verre à une distance déterminée de l'objet qu'on veut enflammer, ni plus près ni plus loin, sinon les rayons de soleil ne brûleraient point, ainsi que vous pouvez le voir.

Mais les verres taillés de la même manière que celui-ci ont encore un avantage que je veux vous apprendre à connaître. Les objets qu'on examine à travers paraissent plus gros qu'ils ne le sont réellement, comme vous pouvez vous en convaincre sur les caractères de ce livre, si vous les considérez à travers ce verre. On a aussi des verres plus petits, et taillés d'après d'autres règles qui rendent manifestes ou rapprochent de l'œil les choses très-petites ou très-éloignées, dans le firmament ou sur la terre, et qui permettent ainsi d'examiner ces choses plus exactement qu'à l'œil nu. Ceux qui grossissent s'appellent *microscopes*, ceux qui rapprochent *télescopes*.

Enfin, les verres taillés d'une certaine façon servent à faire des lunettes pour les personnes dont la vue est courte ou fatiguée ; ces lunettes, qui sont très-utiles à ces personnes, empêchent de voir celles dont la vue est bonne et perçante.

Vous qui avez les yeux sains et la vue bonne, remerciez Dieu, chers enfants, de vous avoir accordé des yeux avec lesquels vous pouvez contempler toutes ses belles œuvres, et ne péchez point par cet organe.

Comment peut-on donc pécher avec les yeux ? demandèrent les écoliers. — De plusieurs manières, repartit le maître, mais plus particulièrement si on voit volontairement faire le mal.

––––––

### L'AIMANT.

Un maître d'école promit une fois à ses élèves un spectacle remarquable. D'abord il prit un aimant, puis il dit à un des écoliers d'en approcher une clef, et la clef y demeura suspendue. Ensuite il répandit de la limaille de fer sur une table polie, puis il agita en sens divers l'aimant sous la table, en ayant soin d'appliquer la ferrure de l'aimant au bois, là où étaient des parcelles de fer, et ces parcelles couraient et sautaient, en suivant ses mouvements. Les enfants furent tout stupéfaits, et quelques-uns demandèrent au maître de leur expliquer comment cela avait lieu. Je ne le puis, mes chers enfants, répondit-il ; mais je vous affirme que c'est un effet tout naturel. Vous voyez et vous reconnaissez que l'aimant est la véritable cause du mouvement de cette limaille, et l'effet serait le même en tout temps, que ce fût moi ou tout autre personne qui conduisît l'aimant. Ainsi, à l'avenir, lorsque vous remarquerez quelque chose de surprenant, ne vous préoccupez pas des causes, souvenez-vous des effets de l'aimant et évitez avec soin la superstition.

Mais j'aurais vu avec plus de plaisir, continua le maître, que vous m'interrogeassiez sur l'utilité de l'aimant. Il a plusieurs propriétés. La plus importante est celle que possède une aiguille d'acier aimantée de se tourner constamment vers le nord, pourvu seulement qu'elle soit suspendue par le milieu, et qu'elle puisse se mouvoir sur son axe. Vous pouvez vous en convaincre sur cette boussole; tournez-la aussi souvent que vous le voudrez, et la pointe aimantée, qui a la forme d'une flèche, indiquera toujours le nord. Au moyen de cet instrument les marins savent trouver leur chemin en pleine mer; et maintenant ils font, en naviguant, des milliers de lieues vers des contrées où ni chemin ni voiture ne peuvent conduire par terre.

Par la navigation les hommes ont appris à se connaître sur la surface du globe ; ils commercent, c'est-à-dire ils échangent leur superflu contre celui d'autrui, et paient, soit en marchandises, soit en argent. Les marchandises, dont le poids est quelquefois très-lourd, sont transportées au loin d'une manière plus commode, et à meilleure marché que par des chariots ; car un grand vaisseau peut transporter un poids plus pesant que celui que voitureraient mille chariots de quatre chevaux chacun. La navigation nous a encore appris à connaître la magnificence de Dieu dans la création, mieux que lorsque nous ne pouvions facilement visiter les pays éloignés. Voyez, mes enfants, voici un des nombreux usages de l'*aimant*.

Les enfants, tout joyeux, louèrent alors le Seigneur, qui a donné à ses œuvres des propriétés si dignes d'admiration, et à l'homme assez d'intelligence pour les découvrir. Ils prièrent leur maître de leur faire plus souvent de ces leçons si agréables.

*Comment cela se fait-il ?* demande souvent l'homme curieux.

*A quoi cela sert-il?* ou bien, *Comment puis-je me servir de cette chose?* demande l'homme désireux d'apprendre, ou celui qui veut devenir intelligent et habile.

## LA VILLE ET LA CAMPAGNE.

Un jour de printemps, un citadin, c'est-à-dire un habitant de la ville, alla se promener dans un village. Le soir une forte pluie survint. Comme il n'osait s'en retourner à la ville pendant qu'elle tombait, il demeura au village. Son hôte et son fils rentrèrent, et, après les salutations habituelles, le dialogue suivant s'engagea entre eux :

*Le citadin.*—Non, je ne pourrais pas être paysan, labourer par un temps pareil, ou bien veiller sur les animaux au dehors. Certes cela ne peut pas s'appeler un petit travail, et il fait d'ailleurs si souvent mauvais temps pendant l'année !

*Le paysan.* — Le travail n'est pas une peine, mon cher monsieur, et comme le temps vient de Dieu, il est toujours bon.

*Le citadin.* — Cela est très-vrai, mais vous n'en êtes pas moins mouillés, et malades par suite.

*Le fils.* —Mouillés, oui, mais malades, non. L'habitude d'être souvent mouillés fait que cela ne nous indispose pas.

*Le citadin.*—Certainement vous ne paraissez pas malade, mon ami ; mais avant que l'on ait contracté cette habitude ?

*Le fils.* — Dès notre jeunesse nous sommes plus forts que les gens de la ville. Nous jouons tout enfants dans l'eau froide, et souvent nous courons dans la rue par un temps si rude que personne dans la ville n'ose alors laisser sortir son fils. Mais, comme dit le proverbe, le travail réchauffe.

*Le citadin.* — Mais nous, habitants des villes, nous travaillons aussi.

*Le paysan.* — Oui, mon cher monsieur, et vos travaux sont aussi très-utiles ; mais de plus, les nôtres sont agréables : car si vous entendez chanter une alouette, c'est parce que vous la nourrissez en cage ; plusieurs centaines, au contraire, chantent gratuitement pour nous. Vos professions sont souvent sédentaires et désagréables, vos chambres ou vos ateliers sentent mauvais, et quelquefois vous habitez avec le poison qui vous rend malades, et par suite vous jette dans la misère. Pour nous, les plus belles fleurs nous flattent la vue et l'odorat ; le parfum de la terre fraîchement labourée fortifie notre santé. Une belle matinée de printemps est un magnifique spectacle dont on jouit peu dans la ville.

*Le citadin.* — Mais combien de dangers n'avez-vous pas à craindre ! La chaleur et l'humidité, la grêle et la tempête, les insectes, la guerre, la mortalité du bétail, tout cela peut vous ruiner.

*Le paysan.* — Oui, monsieur, mais nous n'avons pas besoin d'autant que vous : ce que Dieu nous accorde est ordinairement plus que suffisant ; et si quelques années de bonne récolte se suivent, nous pouvons supporter une perte. Nous avons aussi plus d'occasions que vous de remercier Dieu de ce qui arrive ici-bas, car nous voyons ses œuvres chaque jour, nous recevons directement nos richesses de lui ; nous voyons comment il donne la nourriture aux hommes, le fourrage au bétail ; comment il répand la pluie, afin que la terre puisse produire des plantes.

*Le citadin.* — Mais nous avons dans la ville plus de protection et de sécurité, des secours dans les maladies, de la société, et plus de moyens d'instruire nos enfants que vous ne pouvez en avoir. Le culte que nous rendons à Dieu est aussi plus fréquent et plus magnifique que le vôtre. Nos maisons, nos jardins sont plus beaux, nos vêtements plus commodes.

*Le paysan.* — Mon cher monsieur, notre pauvreté n'inspire à personne l'idée de nous voler, et quand on commet une injustice à notre égard, l'autorité nous protége comme les autres. Nous sommes plus rarement malades que vous, parce que nous faisons moins grande chère. Nous élevons nos enfants à meilleur marché et plus facilement que les vôtres ; l'activité et une bonne santé sont leur dot. Quant au culte divin, nous savons aussi que ce n'est pas l'abondance des prières qui plaît à Dieu, mais la droiture de celui qui prie ; et souvent, après le travail des champs, nous chantons les louanges de Dieu avec plus de piété que dans bien des églises. Nos maisons suffisent pour nous mettre à l'abri des intempéries de l'air ; nos jardins et nos champs nous donnent de quoi pourvoir à notre nourriture, et nous ne dépensons pas une grande partie de notre argent à acheter de beaux habits.

*Le citadin.* — Vous pouvez dire tout ce qui vous plaira, je ne serai jamais paysan.

*Le paysan.* — Mon cher monsieur, la ville a ses charmes, mais la campagne a aussi les siens. Il est bon que chacun aime sa position. Je n'ai point voulu déprécier la ville, mais seulement montrer que l'on peut être très-heureux en cultivant la terre, pourvu que l'on sache se conformer à son état.

———

## DE LA CROISSANCE DES PLANTES.

Tout ce qui croît ou grandit a besoin de nourriture. La terre renferme en elle cette nourriture ou cette partie nutritive, nécessaire à l'accroissement des plantes ; mais ce suc nourricier peut être absorbé par les végétaux, et ce fait serait promptement accompli, si l'air, la rosée et la pluie ne concouraient à sa reproduction. Le plus souvent, des labours et des hersages faits en temps opportun suffisent pour fertiliser la terre. Mais le fumier contribue aussi à cette fertilisation : ses propriétés huileuses et les sels qu'il contient occasionnent son odeur ; sa chaleur résulte de sa fermentation.

Il est important, pour obtenir une bonne végétation, que le fumier soit neuf, gras et court, divisé
en parcelles assez petites pour qu'il puisse se répandre partout. Il est aussi indispensable d'employer seulement de bonnes semences, bien mûres,
dont les germes soient bien sains, et qui aient été
purifiées du mélange de toute mauvaise graine. On
doit encore apporter la plus grande attention à ne
pas semer souvent les mêmes grains dans le même
morceau de terre; mais, autant que possible, il
faut varier la nature des ensemencements.

Les mauvaises herbes se sèment d'elles-mêmes,
comme la rave sauvage, la nielle, l'avoine sauvage,
les chardons et une foule d'autres plantes; ou elles
se multiplient par les racines, dont chaque portion
que l'on brise devient un nouvel individu; telles
sont les ronces, le chiendent, etc., etc. Les mauvaises herbes sont on ne peut plus nuisibles : elles
croissent plus rapidement que les plantes utiles,
ravissent leur nourriture et les étouffent. On doit
chercher à en purger son champ, sans s'épouvanter
du travail nécessaire, car on en est richement
récompensé.

Celui qui, d'une mesure de semence, ne récolte
que quatre mesures, ne doit pas s'en contenter; il
faut, au contraire, qu'il fasse tous ses efforts pour
améliorer son champ, afin de pouvoir récolter dix
mesures. Ce n'est pas l'agrandissement, mais bien
l'amélioration de son champ, qui doit être le but

d'un cultivateur sensé; car plus il emploiera de temps, de bras, de travail et de semences, plus il récoltera.

L'agrandissement d'un patrimoine n'occasionne pas toujours une augmentation du produit : on est souvent obligé de négliger la bonne terre pour la mauvaise; ou bien il faut avoir plus de domestiques et de bestiaux, et on finit, à cause de cette grande dépense et des frais de culture, par ne pas avoir plus de revenu que le voisin dont la propriété est plus petite.

Le cultivateur ne doit pas employer tous les produits de sa terre dans la culture; il doit, pour réussir, en vendre une partie chaque année : car il lui faut de l'argent pour payer ses impôts à l'échéance, pour acheter les choses indispensables qu'un agriculteur doit payer comptant, et pour conserver son crédit.

Michel et Jean avaient la même quantité de terre. Michel retirait de son domaine 100 mesures de blé, et Jean retirait du sien 80 mesures seulement. Mais Michel dépensait pour ses frais de culture 60 mesures, et Jean n'en dépensait que 30. Jean était donc le plus riche, quoique sa récolte eût moins de valeur : car s'il ne récoltait que 80, comme il n'avait dépensé que 30, il lui restait 50; tandis que Michel, qui avait dépensé 60 pour récolter 100, n'avait en réalité que 40. Quand on veut connaître le véritable revenu d'une terre, il faut déduire du *produit brut* toutes les dépenses qui ont été faites ; ce qui reste s'appelle le *produit net*.

Dieu bénit le travail du cultivateur actif et intelligent. La grêle, les inondations, les sécheresses, les incendies, la mortalité du bétail et la guerre sont des cas peu fréquents, et d'ailleurs ils frappent sur les paresseux aussi bien que sur les travailleurs.

L'homme de la campagne dit souvent : *Dieu n'a pas béni ma récolte ;* mais il devrait dire plutôt : J'ai été paresseux et peu sensé, je n'ai pas bien préparé la terre, j'ai enfoui de mauvaises semences, j'ai conduit de la paille au lieu de fumier dans les champs, j'ai labouré les jachères en temps inopportun, pendant l'hiver je n'ai point empêché l'eau de séjourner sur les semences, etc.

Dieu n'accorde ses bénédictions qu'à ceux qui savent les obtenir. Celui donc qui ne veut pas employer les moyens réguliers qui doivent produire une bonne récolte, ne doit pas espérer qu'elle soit le résultat de son travail.

LA SPHÈRE OU LE GLOBE.

Est-il vrai que le ciel enveloppe le monde dans sa *sphère ?* demanda un jour un écolier à son maître. Il ne l'enveloppe pas, répondit celui-ci, comme l'écorce d'une noix entoure l'amande ; car le ciel n'est pas, comme on pourrait le croire, un corps solide et transparent. *C'est l'air qui environne et supporte la terre.*

*L'écolier.* — Mais comment la terre, si elle est aussi grande et aussi pesante qu'on le dit, peut-elle être supportée par l'air ? La plume la plus légère ne peut y demeurer longtemps ; elle redescend et tombe.

*Le maître.* — Tu as raison, mon enfant, de me poser cette question, car tu ne sais pas encore ce que je vais t'apprendre.

Dieu a attribué à tout ce qui appartient à une grande masse, comme la terre et les autres astres, une propriété d'après laquelle toutes les parties tendent vers le centre du tout auquel elles appartiennent, et s'efforcent de s'y reposer. Cette propriété s'appelle *la pesanteur.* Tu vois, mon enfant, qu'une pierre, même quand tu as employé beaucoup de force pour la lancer dans l'air, cesse bientôt de s'élever pour redescendre jusqu'à ce qu'elle atteigne la terre, d'où elle était partie. Que cet exemple facile te rappelle cette leçon importante.

*L'écolier.* — J'éprouve maintenant que les entretiens de l'école rendent savant, car la leçon d'aujourd'hui me fait déjà mieux comprendre une foule de choses dont j'ignorais auparavant la cause

4

et l'effet. Mais, mon cher maître, la terre est-elle
ronde ou anguleuse?

*Le maître.* — Voici une *sphère* que l'on nomme
aussi *globe*, sur laquelle tu peux étudier la forme
de la terre. La surface de la terre n'est pas aussi
unie que celle de ce globe; tu sais qu'il y a des
*montagnes* et des *vallées;* mais si on considère la
grandeur de la masse, ces hauteurs et ces profon-
deurs immenses disparaissent. Car si on pouvait se
placer assez loin de la terre pour qu'on pût l'examiner tout entière, ainsi que nous examinons ce
globe, sa forme ne paraîtrait que légèrement acci-
dentée; et de même qu'il existe quelquefois des
inégalités sur les petites boules d'argile avec lesquelles nous jouons dans notre enfance, quoiqu'elles nous paraissent rondes, de même on dit,
en ne tenant point compte des montagnes, que la
terre est ronde ou qu'elle a la forme d'une boule.

*L'écolier.* — Qu'est-ce qui occasionne le jour et
la nuit?

*Le maître.* — Il fait jour pour nous sur la terre,
quand la partie que nous habitons se tourne vers le
soleil, et il fait nuit lorsqu'elle s'en détourne.

Si je place ici le globe au soleil, et que je tourne
la boule, tu as un exemple évident de ce fait. Les
contrées que le soleil éclaire maintenant ont leur
jour, celles qu'il n'éclaire pas ont leur nuit.

*L'écolier.* — Quelle sagesse, mon bon maître,
Dieu a montrée dans la création du globe!

*Le maître.* — Edifie-toi souvent, mon fils, par de telles pensées. Maintenant, quand tu liras dans les livres saints les belles descriptions de la magnificence et de la sagesse de Dieu, tu pourras y croire et les mieux comprendre. Cette croyance te préparera aussi à avoir foi dans les desseins de Dieu pour nôtre bonheur éternel, desseins que ces faits prouvent d'ailleurs d'une manière évidente.

Le jour et la nuit sont votre œuvre, ô mon Dieu! C'est vous qui imprimez aux astres un mouvement régulier.

### QUELQUES BREFS DÉTAILS SUR LE MONDE.

Pendant les premières heures d'une belle nuit d'été, un père et son fils étaient assis à la porte de leur maison. La vue de tant d'astres scintillants émut le fils : Bon père, dit-il, je n'avais jamais vu le ciel aussi beau.

*Le père.* — Cependant tu as douze ans, et tu as déjà vu plusieurs nuits bien étoilées.

*Guillaume.* — Oui, mais je n'y ai point fait attention.

*Le père.* — Cela est très-vrai, mon fils, et David a donc grandement raison lorsqu'il dit : « Grandes » sont les œuvres de Dieu, il est vrai, mais celui-là » seul s'en réjouit qui les contemple. »

*Guillaume.* — Oh! maintenant j'examinerai avec

le plus grand soin tout ce que Dieu a créé, et ainsi j'apprendrai à le connaître et à l'aimer. Mais, mon bon père, tu sais tant de bonnes choses, parle-moi donc un peu du ciel et de la terre ; dis-moi surtout ce que sont les étoiles ?

*Le père.* — Cette question embrasse le monde tout entier, et celui qui emploie ce mot le *monde*, doit penser à toutes les choses visibles et invisibles que Dieu a faites ou créées.

*Guillaume.* — Connaissons-nous donc toutes les œuvres de Dieu, bon père ?

*Le père.* — Non, pas toutes ; il y en a un grand nombre de visibles et un bien plus grand nombre d'invisibles. Sont visibles toutes les choses qui tombent sous nos sens, de ces choses par exemple que nous pouvons voir avec des yeux sains et sentir avec nos membres. Mais nous parlerons de cela une autre fois. Maintenant occupons-nous des étoiles que tu vois scintiller. Quelques-unes ont une lumière *propre*, c'est-à-dire qui leur appartient, comme notre soleil ; on les nomme *étoiles fixes*. D'autres n'ont point de lumière *propre*, et sont éclairées par ces soleils dont nous venons de parler ; on les appelle *planètes*. Celles qui appartiennent à un soleil font avec lui un tout particulier, de la même manière que les membres de ton corps forment un ensemble. De notre soleil dépendent quelques-unes de ces étoiles nommées *planètes*. Parmi elles la *lune* est la mieux connue, et comme elle est la plus voisine de nous, elle éclaire nos nuits pendant un certain espace de temps.

*Guillaume.* — Quelle est la grosseur d'une telle étoile?

*Le père.* — Elles doivent être très-grosses, disent les gens qui savent calculer de pareilles choses, beaucoup plus grosses que notre terre, *car notre terre est aussi un astre de ce genre;* et s'il y a des créatures dans la lune, elle est aperçue par elles de la même manière que la lune est aperçue par nous.

*Guillaume.* — Que dites-vous, mon père? Est-ce qu'il y a des créatures dans la lune?

*Le père.* — Des gens sensés pensent, et ils appuient leur opinion sur plusieurs raisons, que la lune a beaucoup de points de ressemblance avec la terre; mais je ne puis t'expliquer tout cela.

*Guillaume.* — Quelle est donc la grosseur de notre terre?

*Le père.* — Sais-tu combien il faut de temps pour faire cinq kilomètres au pas ordinaire?

*Guillaume.* — Oui, mon père; on a marché communément pendant une heure, quand on dit qu'on a fait cinq kilomètres.

*Le père.* — Maintenant tu me comprendras, si je te dis que notre globe a 40,000 kilomètres *de circonférence.*

*Guillaume.* — Mais c'est énorme, et en revanche les étoiles sont très-petites, et le soleil est à peine aussi grand que le cadran de notre clocher.

*Le père.*—Tu es dans l'erreur, mon cher enfant. Parmi les étoiles que tu aperçois, il y en a très-peu qui ne soient un *nombre infini de fois plus grosses que notre globe ;* mais elles sont si éloignées qu'elles nous paraissent très-petites. Cet exemple prouve que si quelque chose d'éloigné nous semble petit, nous ne devons pas pour cela nous en rapporter à l'apparence.

*Guillaume.* — Ah ! mon bon père, permettez-moi encore une question. Tous les hommes sur la terre sont-ils comme nous ?

*Le père.* — Nous parlerons de cela à la première occasion. Aujourd'hui il est tard, allons nous coucher ; mais auparavant, louons Dieu qui nous fait connaître par ses œuvres l'étendue de sa bonté et de sa grandeur.

---

## DE LA TERRE ET DES CRÉATURES QUI L'HABITENT.

*Guillaume.* — Je n'aurais pas cru que le soleil fût plus grand que le cadran de l'horloge de notre village. Maintenant, je sais ce que je dois penser du soleil, de la lune et des étoiles. Mais, mon cher père, voulez-vous répondre à la question que je vous ai faite, savoir : si tous les hommes qui habitent la surface de la terre ont précisément le même extérieur que nous ?

*Le père.* — De même qu'il y a des variétés de plantes d'une même espèce, et que dans notre jardin, par exemple, il y a plusieurs sortes de poiriers, de même il y a aussi différentes variétés d'hommes. On a pris la couleur de la peau comme signe de la différence. Il y a les blancs, les noirs et les cuivrés. Il existe, il est vrai, encore d'autres variétés de l'espèce humaine, mais il n'est pas assez certain que la couleur et les autres particularités qui les distinguent, ne soient pas l'effet d'une maladie, pour qu'on puisse en faire des variétés bien prononcées. Quelques-uns, et particulièrement les noirs, ont une chevelure courte, crépue comme la laine d'une brebis, et toujours de couleur noire.

*Guillaume.* — Si je voyais de pareilles gens, je courrais me cacher.

*Le père.* — Pourquoi? Il y a parmi eux des hommes bons et aimant Dieu, comme parmi nous, ainsi que tu peux le voir dans l'Écriture sainte.

*Guillaume.* — Oui, je me rappelle, bon père, la maxime : *Dieu ne considère en aucune façon les personnes. Parmi tous les peuples, celui qui l'honore et agit dans la voie droite, celui-là lui est agréable.* Mais ces gens demeurent bien loin de chez nous, nomme-moi donc leur pays?

*Le père.* — Si tu veux le retenir, je te dirai que l'on nomme la planète sur laquelle nous vivons, *la terre.* Maintenant sur cette terre, il y a une partie solide et une autre liquide, et, ainsi qu'on le sait aujourd'hui, *un peu plus d'eau que de terre.* La terre ferme se divise en cinq parties, auxquelles on a donné des noms pour mieux les reconnaître : l'*Europe*, l'*Asie*, l'*Afrique*, l'*Amérique*, et les *terres antarctiques.* Ces dernières nous sont peu connues, mais, avec le temps, on pourra achever de les découvrir.

*Guillaume.* — Quelle partie habitons-nous, mon père, quelle partie habitent les noirs et les cuivrés?

*Le père.* — Les blancs peuplent l'Europe et l'Asie; presque tous les noirs habitent l'Afrique; et en Amérique se trouvent presque tous les cuivrés. Quoique toutes ces parties soient de grandes îles, ou des terres entourées d'eau, il y a cependant encore de plus petites îles, qu'on attribue à telle ou telle partie, à cause de leur proximité.

*Guillaume.* — Il doit y avoir de bien gros poissons dans la mer?

*Le père.* — Dans la mer et sur la terre il y a de très-gros et de très-petits animaux. Crois-tu bien qu'il existe dans la mer des animaux qui sont plus longs et plus gros que le tronc du chêne le plus vigoureux? Tels sont la baleine, le cachalot et d'autres monstres marins. Sur la terre, l'éléphant est le plus gros animal; il peut porter sur son dos une petite maison renfermant trente hommes.

L'autruche est le plus gros de tous les oiseaux connus.

*Guillaume.* — Vous ne mentez jamais, mon bon père, aussi je vous crois volontiers.

*Le père.* — Mais maintenant il y a aussi des animaux qui sont mille fois plus petits qu'une mite, et à leur corps déjà si petit sont attachés beaucoup de membres encore plus petits et construits avec une perfection et un art infinis.

*Guillaume.* — Cette fois, cher père, je vous demanderai des preuves de ce que vous avancez. Comment un homme a-t-il donc pu voir ces animaux, examiner s'ils ont beaucoup de petits membres construits avec art, si ces animaux sont bien plus petits qu'une mite, car certes on peut avoir de fort bons yeux et ne pas distinguer une mite?

*Le père.* — Souviens-toi, mon fils, du soleil et des étoiles que tu croyais si petits, et ton jugement sera moins prononcé. Tout ce que je te dis est certain, car je te nuirais si je plaisantais avec ton instruction. Assurément on n'a vu à l'œil nu, ni ces petits animaux, ni leurs membres si délicats. Mais on a trouvé l'art de couler un verre très-clair, de telle façon que si l'on examine à travers un objet très-petit, cet objet paraît mille fois plus gros qu'il ne l'est réellement.

*Guillaume.* — C'est une excellente invention. Mais, mon père, que Dieu est magnifique! Dieu, l'auteur de tout cela, grand et petit. Que ses œuvres sont innombrables, et encore plus de la moitié nous demeure inconnue ! Oh ! maintenant, je suis bien persuadé que toutes ces étoiles renferment des créatures de Dieu.

*Le père.* — Vois, mon fils, si nous vivons en bons chrétiens, ce sera peut-être après notre mort une de nos occupations que de discerner mieux qu'ici-bas les innombrables œuvres de Dieu, et d'adorer alors sa majesté avec tous les anges et les bienheureux dans une respectueuse admiration.

*Guillaume.* — Ah ! mon père, je veux aussi être un bon chrétien. Que ne suis-je déjà mort pour voir toutes ces choses !

*Le père.* — Non, mon fils, tu dois vivre aussi longtemps que Dieu le voudra et remplir fidèlement ta mission ici-bas. Car ce n'est qu'à de telles gens que Dieu dira un jour : Bon et fidèle serviteur, tu as été fidèle en peu de chose, entre dans la joie de ton maître.

---

## LE VIEILLARD.

Au calme du soir, un vieux paysan était assis devant sa porte. Sa chevelure argentée brillait au clair de la lune. Près de lui étaient son fils auquel il avait donné tout son bien, la femme de son

fils, et leur jeune enfant qui jouait à ses pieds :
« Mes chers enfants, dit le vieillard, je sens que
» je mourrai bientôt, car je suis vieux et faible ;
» ne pleurez pas, parce que je vous dis cela,
» mais écoutez mes bons conseils. Demeurez tou-
» jours pieux et honnêtes ; fuyez l'envie et l'a-
» varice ; aimez Dieu sur toutes choses, puisque
» vous tenez tout de lui. Soyez bienfaisants pour
» les pauvres, actifs dans votre état, respectueux
» et obéissants envers vos supérieurs. Soyez des
» voisins et des époux paisibles. Élevez vos en-
» fants de manière à en faire des hommes reli-
» gieux ; donnez-leur non-seulement de bonnes
» leçons, mais surtout de bons exemples. En agis-
» sant ainsi, vous vieillirez avec honneur, et un
» jour vous pourrez, comme moi, attendre la
» mort sans effroi. Car je me console par la pro-
» messe d'une vie meilleure, que Dieu nous a
» faite. »

Peu de jours après, le bon vieillard s'endormit
doucement dans le Seigneur, entouré de sa famille
et fortifié par les secours de la religion.

---

### ÉNIGME.

Il y a dans le monde un être qui, s'il le veut,
peut faire le bien et ne pas commettre le mal ;

mais comme ordinairement sa volonté n'est pas assez forte, il fait le mal au lieu du bien.

S'il souffre, il se plaint; cependant il déteste celui qui lui découvre la cause de sa souffrance.

Il connaît les moyens de se rendre heureux, mais il ne les emploie pas.

La moindre démarche pour acquérir tout le bonheur possible l'effraie plus que tout autre travail, quelque pénible qu'il soit; et cependant la félicité est son désir, son espérance constante.

Cet être, c'est l'homme.

___

## L'IMPUDENT.

Un maître avait exempté de redevances un pauvre laboureur, son fermier; il lui avait donné des grains pour ses semailles d'été et d'automne; il avait renouvelé le bétail et les instruments nécessaires pour son travail, en lui disant qu'il ne lui refuserait point ses secours dans les cas extraordinaires.

Si le fermier eût fait un bon usage de ces dons, s'il eût travaillé avec assiduité, son bien-être se serait accru; mais, loin d'agir ainsi, il négligea ses terres, et se livra à la paresse et à la débauche.

Redevenu bientôt misérable par les suites d'une telle conduite, le fermier alla trouver son maître et lui demanda de nouveau des secours pour se mettre à l'abri de la misère.

Je t'ai déjà aidé, répondit le maître, en te donnant tous les moyens propres à améliorer ta position. Tu devais t'en servir et les utiliser. Tu n'as point été victime d'accidents extraordinaires. Je ne t'ai point promis de faire pour toi, chaque jour, le travail de ta profession ; tu pouvais et tu devais l'exécuter toi-même.

Il agit avec autant d'impudence envers Dieu que ce fermier envers son maître, l'homme qui, n'utilisant point et méprisant au contraire tous les dons que Dieu lui a faits, le prie néanmoins sans cesse pour qu'il l'assiste, qu'il le rende pieux, c'est-à-dire qu'il le préserve du péché dont lui-même ne fait rien pour se garantir.

---

## LE PRÉDICATEUR ET LES AUDITEURS.

Dans un certain village, il y avait un curé aux sermons duquel les auditeurs s'endormaient souvent.

Il fit venir les dormeurs, et leur représenta l'inutilité même du meilleur sermon pour des gens qui n'écoutaient pas ou qui dormaient profondément. Il leur reprocha, en outre, le mauvais exemple qu'ils donnaient ainsi à leurs enfants. Ah ! monsieur le curé, répondirent ces gens, nous sommes bien fâchés de dormir, mais nous ne pouvons nous en empêcher. A peine sommes-nous assis depuis un instant et avec la volonté d'écouter attentivement, que nos yeux se ferment malgré nous. Ecoutez, mes chers amis, répondit le curé, si vous voulez suivre mes conseils, vous perdrez promptement cette mauvaise habitude. Levez-vous aussitôt que vous vous trouverez fatigués, et que celui qui ne dormira pas éveille son voisin.

Les habitants suivirent son avis, et, par la suite, aucun d'eux ne dormit à l'église.

Dieu a disposé la nature humaine de telle sorte que l'homme peut résister à tous les mauvais penchants ; et il accorde toujours la victoire à celui qui combat de toutes ses forces. Ici, par exemple, le moyen employé pour se corriger d'une mauvaise habitude n'est-il pas tout-à-fait au pouvoir de l'homme ?

Apprends à autrui comment on peut se délivrer du mal et faire le bien, et tes leçons fructifieront.

---

## LES OISEAUX DE PASSAGE.

### DIALOGUE.

Charles dit un jour à son père : L'hirondelle qui niche sous notre toit est revenue ; je l'ai vue aujourd'hui.

*Le père.* — As-tu vu aussi comme les mouches volaient ce soir?

*Charles.* — Oui, mais qu'est-ce que cela a de commun avec les hirondelles?

*Le père.* — Cela a beaucoup de rapport, car les mouches sont la nourriture des hirondelles.

*Charles.* — La cigogne a aussi reparu sur la grange.

*Le père.* — Alors il y a certainement des grenouilles dans les marais, et les serpents ont abandonné depuis longtemps leurs trous.

*Charles.* — Tous les animaux ne viennent-ils donc que lorsque leur nourriture existe déjà?

*Le père.* — Tu sais, mon fils, qu'il y a plusieurs sortes d'oiseaux sauvages. Quelques-uns se nourrissent, sur la terre, de grains et de vers tout à la fois; ils vivent pour la plupart dans nos contrées. D'autres ne mangent que des vers, et nous quittent presque tous à l'approche de l'hiver, pour aller vers des pays dans lesquels il fait plus chaud, et où les vers n'ont pas besoin de se cacher pour se préserver du froid.

*Charles.* — Alors ces oiseaux reviennent donc au printemps, lorsqu'ils observent qu'ils pourront retrouver ce qui est nécessaire à leur nourriture?

*Le père.* — Oui, comme tu le vois, mon fils. Mais, qui peut avoir si bien instruit les animaux de tout cela? Qui a appris à la cigogne à retrouver son nid, et à l'hirondelle à revenir au toit de la ferme qui l'a déjà abritée ?

*Charles.* — Qui pourrait le leur avoir appris, si ce n'était Dieu dont la bonté est si grande ?

*Le père.* — Bien, mon fils. Dieu a donné aux animaux tout l'instinct nécessaire à leur existence. Maintenant, quand tu reverras les oiseaux de passage, songe toujours que *Dieu prépare la nourriture avant que ses convives ne viennent.* Ce doit être un Dieu bien bon que celui qui s'occupe ainsi de tout. Et certainement il s'intéresse également à l'homme : car, vois, mon cher Charles, Dieu a déjà précédemment songé à toi, afin que tu trouvasses du lait pour te nourrir à ta naissance, lorsque tu vins comme un convive étranger sur la terre, et qu'aucun autre aliment ne pouvait t'être aussi sain et aussi profitable.

Que penses-tu devoir à Dieu, Charles, en reconnaissance d'un aussi grand bienfait ?

*Charles.* — Je n'ai rien que je puisse donner ; mais j'aimerai Dieu de toute mon âme.

---

## LE VRAI BONHEUR.

### DIALOGUE.

*Le maître.* — Fais attention, Charles, je vais te dire une belle sentence.

« La sagesse dirige nos pensées vers le vrai bonheur ; elle nous apprend par quel moyen nous pouvons y atteindre. »

*Charles.* — Cher maître, que veut dire ce mot
*le vrai bonheur?*

*Le maître.* — Comment te trouves-tu quand tu
es bien portant?

*Charles.* — Bien, très-bien.

*Le maître.* — Comment te trouves-tu quand tu
fais de la peine à tes parents? quand tu te brouilles
et te querelles avec tes sœurs, tes frères et tes
camarades, ou quand tu te rends malade par
gourmandise ou par légèreté ?

*Charles.* — Alors je suis chagrin et triste.

*Le maître.* — Qu'exige donc alors le vrai bonheur ?

*Charles.* — Que je ne sois ni malade ni chagrin
par ma faute, mais au contraire bien portant et
joyeux.

*Le maître.* — Bien. Cependant une seule de ces
conditions ne serait-elle pas suffisante? par exemple, si tu étais bien portant, mais chagrin ; con-
tent, mais malade ?

*Charles.* — Non, mon cher maître, il faut que
les deux soient réunies pour être vraiment heureux. Mais que fait la sagesse à cela ?

*Le maître.* — Elle nous apprend à choisir le
bien pour but, et elle nous fait connaître les véri-

tables moyens de l'atteindre. Quel est le but auquel doivent tendre tous les hommes ?

*Charles.* — C'est à être heureux sur la terre et
au ciel.

*Le maître.* — Je verrai si tu emploies les moyens
nécessaires pour y parvenir.

*Charles.* — Aidez-moi de vos conseils, mon cher
maître, si je choisissais de mauvais moyens.

*Le maître.* — Tu peux compter sur moi. Mais
mes moyens te plairont-ils ? Ne te laisseras-tu pas
souvent égarer ?

*Charles.* — Dans cette crainte, je veux m'efforcer de devenir bien raisonnable, afin que je ne
me laisse ni entraîner par l'erreur et les fausses
apparences, ni séduire par la sensualité et les plaisirs dangereux.

*Le maître.* — Agis ainsi, mon cher Charles, et
n'oublie pas de prier Dieu en même temps qu'il
t'accorde la sagesse.

### LES DEUX ÉCOLIERS.

Deux écoliers se demandaient l'un à l'autre à
quel jeu ils allaient jouer. Charles, le plus âgé,
mais non pas le plus sage, dit à son camarade :
Viens, nous allons courir sur la grande pièce de
glace, et nous glisserons.

Le petit Guillaume était prudent; il répondit :

Charles, je ne t'accompagnerai pas. Il ne gèle que depuis peu de jours, et je n'ai point encore vu d'hommes sur la glace ; tu peux tomber dans l'eau.

Néanmoins Charles s'élança, arriva au milieu de la pièce d'eau ; mais alors il courut un grand danger, la glace se rompit, et on ne put le sauver qu'avec la plus grande peine.

Charles, il est vrai, devint aussi alors expérimenté, mais à ses dépens, tandis que Guillaume ( et cela vaut beaucoup mieux ) se préserva du malheur par ses réflexions pleines de sagesse.

### LES BONNES HABITUDES.

Guillaume avait habitué ses enfants à être constamment occupés d'une manière utile, sans néanmoins se livrer sans cesse au même travail.

D'abord c'était l'école ; après l'école, différents travaux particuliers, appropriés à leur âge ; puis enfin, les heures de récréation.

Afin que ces instants, pendant lesquels les enfants ont coutume de dissiper le temps en jeux sans but, ou de le perdre réellement par des occupations indéterminées, pussent leur être de quelque avantage, Guillaume leur apprenait à connaître plusieurs espèces de vers nuisibles et à chercher leurs nids ; à prendre les mulots, les taupes et les rats ; à fabriquer tous les piéges nécessaires pour cela.

Pour rendre cette occupation encore plus agréable, tout le canton était divisé entre eux, et chacun s'en allait à cette chasse, aussitôt que le temps ou ses autres travaux le lui permettaient.

Celui dont les arbres fruitiers, dans un temps déterminé, étaient le mieux nettoyés de nids de chenilles, de mousses et de gourmands ; celui dont les prairies avaient le moins de taupinières, et qui pouvait présenter le plus grand nombre de têtes de mulots, de rats, de taupes, recevait en récompense un petit présent, ou bien obtenait une meilleure place à table.

Les filles de Guillaume avaient une autre manière de se rendre utiles. Leur mère leur avait appris à connaître une foule de plantes sauvages et nuisibles, dont, pendant leurs heures de récréation, elles purgeaient le jardin, les prairies et les champs. Elles s'acquittaient fort bien de ce travail ; car, loin d'enlever au hasard la partie extérieure de ces herbes, comme cela se fait d'ordinaire, elles fouillaient la terre avec de petites pelles étroites, arrachaient les racines et les plantes, et semaient à la place de bonnes graines fourragères. Elles connaissaient aussi les herbes, les fleurs et les racines nécessaires dans les maladies de l'homme et des animaux, et l'époque favorable à leur récolte. Ainsi, quand elles ne se livraient pas à un

travail sédentaire, ou à une occupation domestique, elles s'employaient aussi utilement que les
garçons.

Le soir, chaque enfant racontait ses petites
aventures du jour, et demandait, sur plusieurs
cas douteux, conseil à l'expérience de ses parents.

On peut devenir utile de trois manières :

1º En prévenant le dommage ;

2º En faisant le bien ;

3º En améliorant ou en perfectionnant le bien
qui existe déjà.

La première convient particulièrement aux enfants. Leur activité innée peut, si elle est ainsi
dirigée, se tourner toute vers le bien, tandis qu'au
contraire, le plus souvent ( sans que ce soit la
faute des enfants), elle se développe pour nuire et
détruire.

Enfants, habituez-vous à bien faire.

---

### L'HOMME HABILE.

Martin avait appris dans sa jeunesse à faire
diverses sortes d'instruments d'agriculture. Pendant les longues soirées d'hiver, lorsque les autres
jeunes gens perdaient leur temps à dormir, à ne
rien faire, ou à faire des folies, Martin s'asseyait
et fabriquait une foule de choses utiles.

Lorsqu'il fut grand, il trouva promptement à se placer, car il savait bien faire tous les travaux d'agriculture. On lui accorda un salaire plus élevé et plus d'avantages qu'aux autres domestiques.

On estime l'homme habile.

---

### L'AMOUR DU PROCHAIN.

Un pauvre voyageur n'avait pu atteindre la ville; la neige était trop épaisse. Epuisé de fatigue, transi de froid, il s'était endormi au milieu de la route, et courait grand danger de mourir gelé.

Deux paysans retournaient de la ville à leurs fermes. Jean, qui conduisait la première voiture, aperçut le dormeur. Voici un homme étendu sur la route, s'écria-t-il, il n'est ni mort, ni ivre. Christian, qui montait le second chariot, descendit et essaya d'éveiller le voyageur; mais il le trouva sans mouvement. Viens, cria Jean, laisse-le couché; que nous importe à nous, il faut retourner à la maison. Non, répondit Christian, j'ai appris à l'école qu'un médecin prudent peut sauver un homme gelé; aide-moi à le mettre sur ma voiture, je retournerai à la ville, et je le porterai chez un médecin. Cela me serait bien égal, repartit Jean, je suis assis chaudement, et je me refroidirais les pieds, et il continua sa route.

Christian plaça donc seul le voyageur sur son

chariot ; puis, de retour à la ville, il eut la joie de
voir ce pauvre homme engourdi rendu à la vie
par les soins intelligents du médecin auquel il le
confia.

Tous les gens de bien, en apprenant cette bonne
action, accordèrent leurs éloges et leur affection à
Christian ; mais Jean fut méprisé comme un
homme sans cœur.

Quand ton prochain a besoin de secours, tu
dois l'aider de tout ton pouvoir.

---

### L'AMI DES HOMMES.

Pendant tout le temps que Guillaume exerça la
profession de soldat, il prouva ses bons sentiments,
particulièrement en s'attachant les jeunes soldats
ou *les recrues*, qui, de temps en temps, venaient
faire partie de son régiment.

Guillaume savait avec quelle facilité la jeunesse
s'égare, et combien de gens débauchés cherchent à
corrompre autrui. C'est pourquoi il s'efforçait,
tout d'abord, de gagner la confiance des jeunes
soldats en leur rendant différents petits services.
Ainsi, par exemple, il leur montrait l'usage d'une
foule de choses, leur apprenait un travail au
moyen duquel ils pouvaient gagner quelque argent.
Il les visitait et les aidait à mettre leur équipement
en ordre. Ces procédés lui acquéraient prompte-

ment leur affection, et alors ils écoutaient volontiers ses bons avis, à l'occasion. Ils le croyaient lorsqu'il leur expliquait et leur prouvait, par des exemples, le malheur d'une vie débauchée, ou qu'il leur recommandait la loyauté, l'ordre et la tempérance, comme les seuls moyens de supporter et d'alléger le poids de la vie, et de diminuer les inconvénients de leur profession.

Un jour, un soldat, de ceux que Guillaume avait ainsi accueillis avec amitié, étant atteint d'une maladie mortelle, le fit appeler. Il le remercia avec expansion, et reconnut, devant tous les assistants, qu'après Dieu c'était l'amitié et les sages conseils de Guillaume qui l'avaient empêché de commettre le mal.

———

## DESTINÉE.

Il y avait une fois une noce, non loin d'un village, dans une ferme qui en dépendait. Un paysan du village avait été invité à la fête avec sa femme et ses deux enfants, et il avait promis pour lui et toute sa famille.

On peut penser combien les enfants se réjouissaient de manger un bon dîner, de se voir de beaux habits, d'entendre de la musique, et enfin du plaisir que tout cela leur promettait d'avance.

Au milieu du jour, le mari tomba malade. La

femme fut donc obligée de rester à la maison, et les enfants ne purent aller à la fête sans leurs parents. Ils pleurèrent beaucoup en voyant s'évanouir leurs belles espérances. L'un d'eux même en ressentit un si grand déplaisir qu'il disait : « Pour-
» quoi faut-il que notre père soit tombé malade
» aujourd'hui, précisément quand nous devions
» avoir du plaisir? »

Mais écoutez, mes jeunes amis, ce qui arriva.

Le soir, le feu prit dans la maison où se célébraient les noces; l'incendie commença par le bas, et les convives se trouvaient dans le haut; plusieurs personnes périrent dans l'escalier, ou furent malades d'épouvante.

Alors le père fit observer que sa maladie, qui avait été promptement guérie, et qui l'avait empêché d'aller à la fête, était un avertissement de Dieu. Toute la famille lui rendit grâces de sa bonté, et les enfants apprirent, par cet exemple, que, sous les afflictions qu'il nous envoie, Dieu cache des choses qui nous sont utiles, et que si nous ne savons pas toujours sur-le-champ en quoi la souffrance est bonne, nous découvrons plus tard néanmoins combien il est important que notre Père céleste s'occupe de nous.

### INCONVÉNIENTS DE L'IGNORANCE.

Un pauvre journalier avait son frère absent depuis 30 ans, et qu'on croyait mort, car il n'avait point donné de ses nouvelles.

Un jour que le pauvre journalier était à la ville, il arriva une lettre à son adresse. Comme il ne savait lire ni l'écriture imprimée, ni l'écriture manuscrite, il pria un aubergiste de lui en dire le contenu.

L'aubergiste parcourut d'abord la lettre en silence, puis il dit au journalier : Suivant ce qui est contenu dans la lettre, votre frère serait mort à l'étranger, et il vous aurait légué 150 francs ; mais il faut partir sur-le-champ, et retirer l'argent vous-même. — Monsieur l'aubergiste, où faut-il que j'aille retirer l'argent ? — A Amsterdam, à 100 lieues d'ici. C'est là qu'est votre argent. — Ah ! 100 lieues pour aller et 100 lieues pour revenir, cela fait 200 lieues. Le voyage et mon absence, pendant la moisson qui est proche, me coûteraient plus que mon héritage ne vaut ! — Ecoutez, donnez-moi la lettre, et vendez-moi vos droits pour 100 francs ; vous pourrez rester. Mais il ne faut parler de cette vente à personne : consentez-vous ? — De grand cœur. — Alors l'aubergiste compta 100 francs au journalier, qui les prit, le remercia, et retourna tout joyeux chez lui.

Plusieurs années après, lorsque l'aubergiste, qui était débauché et pauvre, fut sur son lit de mort, il dévoila, avec angoisse, comment il avait trompé le pauvre journalier, car la lettre était ainsi conçue :

Celui qui montrera, à Amsterdam, cette lettre, *au nom* d'un tel, *recevra* 6,000 *francs.* ( C'était beaucoup plus que l'aubergiste n'avait donné au journalier. )

L'aubergiste avait touché la somme, mais il l'avait dissipée.

La fréquentation de l'école est un bien inappré-ciable !

Apprendre à lire, à écrire et à compter, est un moyen d'acquérir la vraie sagesse, et de savoir beaucoup de bonnes choses.

---

DE CE QUI EST ET DE CE QUI PEUT ÊTRE.

Il y avait dans une certaine ville un commis de barrière fort gai. Lorsque les paysans venaient au marché, ils étaient souvent obligés d'attendre longtemps à cause de leur grand nombre, et alors il plaisantait avec quelques-uns d'entre eux qu'il connaissait, et ordinairement il dépréciait la pro-fession de cultivateur.

Un jour il plaisanta Guillaume sur ce ton, mais il s'en repentit ; car Guillaume lui demandant une définition précise de ce que c'était qu'un paysan, il répondit : Un paysan est gros, stupide et paresseux, et, à moins qu'il n'y soit forcé, il ne remue ni pieds ni mains.

Vous êtes dans l'erreur, dit Guillaume : un paysan est un homme qui sait retirer le plus grand profit possible de la culture des champs et de l'élève du bétail, qui doit à son travail d'être le plus ordinairement fort et bien portant ; un homme auquel ses enfants ne sont jamais à charge ; un citoyen dont la profession bien entendue produit la plupart des vraies richesses de l'Etat. Voyez, mon ami, ce que le paysan peut et doit être, s'il le veut, et s'il a reçu à l'école l'éducation nécessaire. Lorsqu'à l'avenir vous ferez une définition, distinguez soigneusement ce qui est *de principe* de ce qui est *accidentel.*

Le commis rougit et s'éloigna sans mot dire.

*L'accidentel*, dans une chose, est ce qui peut être, mais ne doit pas nécessairement exister. Ce qui est *de principe* est ce sans quoi la chose n'est pas, ou n'est pas aussi parfaite qu'elle pourrait l'être. Par exemple, dans cette histoire, il n'y a aucune nécessité à ce que le paysan soit gros, stupide et paresseux, et cependant plusieurs causes font que cela se rencontre quelquefois ainsi.

———

## DE L'UTILITÉ D'UNE BONNE MANIÈRE DE VOIR EN AGRICULTURE.

Guillaume avait eu un maître d'école intelligent. Au lieu de contraindre les enfants à apprendre par cœur de simples mots qu'ils ne comprennent pas, parce qu'ils ne leur sont pas expliqués assez clairement, ou parce qu'ils signifient des choses qui sont encore trop élevées pour leur âge, ce maître avait eu avec Guillaume et ses autres écoliers des conversations claires et précises sur tous les sujets. Il avait habitué ces enfants, dès leur jeunesse, à remarquer, à examiner et à comprendre tout ce qu'ils voyaient, entendaient ou faisaient, et particulièrement tout ce qui avait du rapport avec leur profession future.

Guillaume surtout avait retiré une grande utilité de ces sages entretiens; et lorsqu'après la mort de son père, il eût hérité de ses biens et qu'il eût reçu son congé du service militaire, il mit ses connaissances en pratique sur cette petite propriété.

Il est vrai que, pendant la vie de son père, Guillaume avait bien observé les défauts de la ferme, et qu'il savait parfaitement les motifs qui l'empêchaient de rien produire. Parfois même, quand son père se plaignait de la disette, il avait osé lui faire des représentations modestes. Mais le bon-

homme ne voulait point s'écarter des vieilles méthodes d'agriculture ; et, en outre, comme les
propositions de Guillaume nécessitaient une avance
de fonds, son père, qui ne savait ni lire, ni écrire,
ni compter, et qui ne songeait qu'au présent, ne
voulait pas en entendre parler.

Maintenant Guillaume était libre, et il ne tarda
pas à employer, pour un meilleur mode d'exploitation de son petit domaine, les moyens nécessaires qu'il connaissait très-bien. D'abord il avait
trop de terres à labourer, il ne pouvait les préparer en temps voulu, ni d'une manière convenable ; ensuite il manquait de fumier ; car, comme
il entretenait beaucoup de bêtes de trait, et qu'il
ne récoltait pas assez de fourrages, son bétail était
misérable et sans forces.

Guillaume laissa les mauvaises terres en jachère ; il amenda d'abord les meilleures et les
plus proches autant qu'il le put ; et pour récolter
du foin en quantité suffisante, il loua des prairies, sachant bien que cette dépense lui serait am-
plement remboursée. — La première année, il se
tira assez bien d'affaire ; et lorsque, par une amélioration suivie pendant trois années, il eut ferti-
lisé cette terre, il augmenta tellement sa provision
de fumier, qu'il put labourer de nouveau et améliorer chaque année une pièce de ses autres terres
de médiocre qualité et situées au loin.

Après douze ans de travail, tout son terrain fut

mis en état ; son bétail, qu'il n'employait qu'à l'agriculture, était très-bien portant ; son jardin et tout le reste de sa maison ne laissaient rien à désirer.

Toute une contrée n'aurait-elle pas un grand avantage à ce que tous les paysans pensassent avec autant de justesse que Guillaume?

———

## DE L'UTILITÉ D'UNE BONNE MANIÈRE DE VOIR SUR LES SOINS A DONNER AU BÉTAIL.

Guillaume n'avait point épousé une femme étourdie ; car il pensait en lui-même : « A quoi me » servira de bien faire, si ma femme est en tout » opposée à mes desseins, et si je ne puis la ra- » mener à mon avis? » Il aurait pu choisir parmi plusieurs filles riches des villages voisins ; mais il préférait prendre une femme moins riche, parmi celles qui avaient été avec lui à l'école de l'institu- teur, bien sûr qu'elle aurait en habileté et en raison ce qui lui manquerait en fortune. Il avait donc épousé une femme nommée Marie, avec laquelle il vécut très-heureux.

Lorsqu'elle eut reconnu la sagesse des pensées de son mari et la prudence avec laquelle il commen- çait à améliorer sa position, Marie songea aussi de son côté à augmenter les bénéfices ; et comme elle savait compter, elle calculait les chances de perte et de gain de chaque projet qu'elle formait.

Un jour qu'ils se consultaient réciproquement sur l'administration de leur ferme, Marie fit, entre autres, à son mari la proposition de ne plus vendre à l'avenir tout ce qu'on récoltait en choux, pommes de terre, raves, etc., mais de donner ces produits aux vaches pendant l'hiver; car, tandis que ce genre de récolte se vendrait à vil prix, le lait et le beurre seraient très-chers. Ainsi le profit serait plus grand, le bétail deviendrait plus gras, on épargnerait la perte du temps employé au transport de ces légumes; puis un bétail mieux nourri donnerait des veaux plus forts, et on obtiendrait un fumier meilleur et plus abondant.

Guillaume trouva le projet de sa femme si avantageux, qu'il l'approuva, et une femme si sensée lui devint de jour en jour plus chère.

Ne serait-il pas très-avantageux pour le pays qu'à l'école on apprît aux femmes à penser juste, avec plus de soin qu'on ne l'a fait jusqu'à ce jour?

_____

### LA BONNE SOEUR.

Quelques années après son mariage avec Guillaume, Marie eut beaucoup à souffrir dans la ferme. Ses enfants étaient encore jeunes, elle ne pouvait en obtenir aucune aide; ils lui donnaient au con-

traire beaucoup de peine, et cependant elle ne
pouvait se fier entièrement à ses domestiques.

Marie avait une sœur plus jeune qu'elle, qui
s'appelait Louise, et qui l'aimait beaucoup. Louise
donna congé, en temps convenable, à son maître,
alla trouver sa sœur, et lui demanda de demeurer
avec elle pendant quelques années, et de lui confier l'administration de sa maison, moyennant un
modique salaire et les vêtements dont elle aurait
besoin.

Guillaume et Marie accueillirent cette proposition avec joie, et ce secours leur procura peu à peu
un grand avantage.

Quelques années plus tard, il se présenta pour
Louise une occasion de se marier. Guillaume et sa
femme calculèrent secrètement ensemble ce que
Louise aurait pu gagner au service d'autres maîtres,
et le jour des fiançailles ils lui donnèrent cette
somme en argent et en ustensiles de ménage, pour
lui servir de dot.

----

## IL FAUT SONGER A L'AVENIR.

Lorsque Guillaume greffait un arbre fruitier, il
y plaçait habituellement une branche de reinette
franche. Un jour son voisin vint le voir, et le trouvant occupé à ce travail, il le blâma de cette coutume: Compère Guillaume, lui dit-il, pourquoi

5*

ne prenez-vous pas de préférence des greffes d'autres espèces de pommes qui fructifient plus tôt ? Vous auriez au moins l'espoir de les cueillir, tandis que les reinettes ne porteront de fruit qu'après un long temps.

Mais enfin elles fructifieront, répondit Guillaume , et mes successeurs auront, après cette longue attente , un profit d'autant plus abondant.

Les hommes s'accoutument trop à ne voir que le présent dans leurs désirs, et à ne point penser à l'avenir. Ordinairement tout produit avantageux se forme lentement, et ne satisfait pas tout d'abord l'impatience de notre attente et de nos désirs ; mais il dure à proportion du temps qu'il met à réussir , et il récompense alors grandement les soins de l'ami de l'humanité, et comble ses espérances.

---

## L'ART D'ÊTRE JOYEUX SANS REPENTIR.

Nicolas pouvait voir les fleurs pendant tout le printemps , entendre chanter le rossignol, se promener à travers les plus beaux champs de blé, sans qu'il lui vînt une pensée joyeuse à l'esprit. Pour qu'il fût de bonne humeur, il lui fallait du vin , du café et des gâteaux ; il fallait qu'il gagnât au jeu , qu'il eût le plus bel habit de la société , ou qu'il pût railler un niais de la compagnie. Nicolas ne riait que dans ces occasions-là.

Un jour qu'il traversait un petit champ pour se rendre à un festin, et que, suivant son ordinaire, il regardait à terre, sans songer à rien, il trouva son cousin Charles, qui n'avait aucune fortune, regardant des arbres fruitiers en pleine fleur. Charles même chantait le couplet d'un cantique, dont voici le sens :

« L'arbre me rappelle dans sa magnificence que » je suis aussi moi une des créatures de Dieu ! » Honorez notre Dieu !... »

Et il pleurait de joie en songeant à la toute-bonté du Créateur. — Comment des arbres peuvent-ils te donner autant de joie ? dit Nicolas à Charles qui le saluait avec contentement. Oh ! mon cher cousin, répondit Charles, s'il n'y avait pas de ces plaisirs à bon marché, où pourrais-je en trouver, pauvre que je suis ? Je ne puis dépenser d'argent pour me réjouir ; mais j'ai donné toute mon affection à Dieu, qui a pris soin de nous procurer des jouissances, nous à que la fortune a peu favorisés. Car je peux me réjouir sans dépense et sans regret, et ce n'est pas difficile. — Comment fais-tu ? dit Nicolas. — Je vais te l'expliquer, si tu veux m'écouter, répondit Charles. J'examine avec attention tout ce qui est, grand et petit, tout ce que Dieu a créé, et je découvre chaque jour quelque chose de nouveau et de beau. Alors je me demande pourquoi cela existe, à quoi cela peut servir ; et si parfois je pénètre les sages intentions du Seigneur, je peux aussitôt prier, en suivant les saintes inspirations de mon cœur, parce que je viens d'avoir une nouvelle preuve de la toute-puissance, de la sagesse et de la bonté de Dieu ; alors je me livre avec joie et ardeur à mon travail, dans le but d'être agréable à ce Dieu si bienfaisant.

Bonsoir, dit Nicolas, et il s'éloigna.

---

### QUESTIONS D'UN ÉCOLIER A SON MAITRE.

*L'écolier.* — Mon cher maître, si je ne puis avoir de travail, comment pourrai-je éviter l'oisiveté ?

*Le maître.* — Combien de sortes principales de travail peut-il y avoir ?

*L'écolier.* — Deux, je pense, le *travail d'intelligence* et le *travail manuel.*

*Le maître.* — Peux-tu nommer tous les travaux manuels ?

*L'écolier.* — Non, ils sont très-nombreux, mais il existe un apprentissage long et difficile.

*Le maître.* — Pas toujours ; il existe des ouvrages faciles. Mais n'as-tu jamais remarqué sous ce rapport aucune classe d'ouvriers ? Par exemple, chez les maçons, comment appelle-t-on celui qui porte le sable, la chaux et les pierres ?

*L'écolier.* — Un *manœuvre.*

*Le maître.* — Cet homme-là est-il aussi nécessaire ?

*L'écolier.* — Oui, car autrement un autre ouvrier, plus habile, devrait s'occuper de cette besogne, tandis qu'il pourrait faire quelque chose de mieux.

*Le maître.* — Le salaire du manœuvre est-il aussi élevé que celui du maçon ?

*L'écolier.* — Non, je ne le pense pas, car tout homme valide peut s'acquitter de ces fonctions ; mais, au contraire, le maçon doit ordinairement avoir appris son métier, avoir plus d'intelligence, et il mérite par conséquent un salaire plus avantageux.

*Le maître.* — Assurément, chacun est d'ordinaire payé selon les services qu'il peut rendre. Que ferais-tu donc si, par hasard, le métier que tu as appris ne pouvait plus te procurer de quoi vivre ? Consentirais-tu à rester inactif, à mendier, à voler ou à mourir de faim, pendant tout le temps que cela durerait ?

*L'écolier.* — Non certes ; je chercherais un autre travail. Je m'offrirais là où on aurait besoin d'aide.

*Le maître.* — Mais si tu n'avais point encore pratiqué le travail que tu accepterais, pourrais-tu exiger de suite un salaire égal à celui d'un ouvrier expérimenté ? Des gens sensés voudraient-ils t'employer à de pareilles conditions ?

*L'écolier.* — Non ; au commencement, jusqu'à ce que je fusse capable de bien exécuter le nouveau travail, je demanderais un salaire inférieur à celui des autres.

*Le maître.* — Tu viens de répondre toi-même à ta première demande.

Agis d'après ces principes ; cherche le travail, s'il ne te cherche pas. Tu éviteras ainsi d'être jamais paresseux, et il te sera difficile de te plaindre du manque d'occupation.

---

### L'HOMME QUI VEUT PRENDRE UNE FERME.

Balthasar servait, comme intendant, chez un bon maître ; il avait des gages élevés, pouvait se nourrir et se vêtir, lui et toute sa famille, et donner de l'éducation à ses enfants.

Malgré cela, il voulut prendre une ferme, afin, disait-il, de devenir son propre maître, et d'amasser un peu de fortune. Car il n'aimait point à obéir, était avare, entêté, et croyait tout savoir pour le mieux, même lorsque ses yeux lui apprenaient le contraire.

Il exécuta donc son projet, et se fit fermier.

Le peu de fortune qu'il avait déjà acquis disparut avec la première dépense. Le prix des grains baissa ; des sécheresses, des pluies, des épidémies sur le bétail, de mauvaises années se succédèrent les unes après les autres, et, au bout de six ans, Balthasar fut si pauvre, qu'il ne put payer son dernier terme. Par suite on le mit à la porte, et il mourut misérablement.

On n'a pas encore entendu dire qu'un intendant honnête et habile se soit ruiné, ce qui arrive, au contraire, à une foule de fermiers.

---

### LA MAUVAISE MÉNAGÈRE PAR MALPROPRETÉ.

La femme de Bertrand aurait dû trouver dans le commerce du lait la majeure partie des bénéfices de son fermage. On ne pouvait lui reprocher de consommer les produits de sa laiterie, car rien n'était plus rare sur sa table que du lait, du beurre ou du fromage. Cependant elle en vendait peu, et les pratiques qui achetaient le lait de l'ancienne fermière cessèrent peu à peu leurs achats. Quelle en était donc la cause? C'était tout simplement que la femme de Bertrand passait pour être d'une malpropreté excessive, et pour souffrir le même défaut à ses servantes et à ses enfants. Quiconque entrait dans sa laiterie perdait tout désir d'acheter sa marchandise.

La malpropreté est une mauvaise habitude; elle a toujours pour conséquence la mauvaise santé, et très-souvent la pauvreté.

L'EMBAUCHEUR.

Pourquoi restez-vous donc chez votre maître ?
disait à François un voisin envieux, qui, voyant
que ce domestique rendait beaucoup de services à
son maître, voulut l'attirer chez lui. Je vous l'ai
déjà souvent demandé ; venez chez moi, je vous
donnerai des gages plus importants, et un bon vêtement tous les ans.—Non, Monsieur ; je dois remercier mon maître, après Dieu, de tout le bien
dont je jouis : dans ma jeunesse, il a beaucoup fait
pour mon instruction, il est donc juste qu'à mon
tour je lui rende service. Aussi longtemps que
mon maître actuel voudra me garder, je resterai
chez lui par reconnaissance.

Le voisin s'en alla tout confus.

Tu ne dois point chercher à t'approprier, contre
la volonté de ton voisin, ce qui lui appartient, sa
maison, son bien, ses champs ou ses domestiques.

———

L'ENTÊTÉ.

Nicolas avait reçu à l'école et chez ses parents
une mauvaise éducation. On ne l'avait jamais habitué à faire la moindre chose pour plaire aux autres, ni à faire des réflexions telles que celles-ci :
Pardonne à autrui comme tu aimes qu'on te par-

donne à toi-même ; ne t'emporte pas contre les
défauts d'autrui, tant que tu ne seras pas parfait toi-
même ; souffre avec patience et résignation les fai-
blesses d'autrui, et ainsi tu accompliras les commandements de J.-C., etc. En un mot, les pensées
et les actions de Nicolas ne se conformaient en rien
à ces préceptes : il traitait durement les gens, voulait tout savoir mieux que les autres, et contre-
disait tout le monde ; il se querellait souvent avec
sa femme. Le plus souvent ses domestiques s'en-
fuyaient de sa maison sans prendre congé ; personne
ne voulait être son ami. Ce n'étaient que jurements
et malédictions chez lui. Sa femme, devenue malade de tristesse et de chagrin, donna le jour à des
enfants de constitution faible, qui portèrent sur
leur front l'image de la désolation qui régnait dans
la maison de leur père.

Nicolas était souvent volé ; il avait des procès
qui le ruinaient, car ordinairement il avait tort.
Aussi il ne prospéra point, et il laissa à ses enfants
un très-médiocre patrimoine.

Soyez aimable et agréable pour chacun.

Aimez, si vous voulez qu'on vous aime.

---

UNE GRANDE QUERELLE POUR DE PETITES CAUSES.

Deux familles de journaliers habitaient ensemble une grande chambre, parce qu'il y avait dans

le village peu de place et beaucoup d'habitants.

Par inattention, la femme de l'un des journaliers prit l'escabeau de sa voisine, tout semblable au sien, et s'en servit pour filer.

Bientôt après, la propriétaire de l'escabeau entra dans la chambre, s'aperçut de l'erreur, et traita sa compagne de voleuse et de mauvaise personne. La fileuse répondit à son tour, et elles se seraient battues, sans l'arrivée de leurs maris, gens à l'esprit sensé, qui terminèrent cette querelle par d'excellentes représentations.

---

### LE MEURTRIER.

En jouant, un enfant fut blessé sans intention par un de ses camarades, dont la balle lui blessa l'œil.

Un parent du blessé s'abandonna alors à une violente colère. Il saisit aux cheveux l'auteur involontaire du mal, le frappa, et le foula aux pieds avec tant de violence, qu'il mourut entre ses mains.

La justice fit mettre ce forcené en prison.

Gardez-vous de la colère, et ne donnez pas à autrui l'occasion de s'emporter. La colère peut donner lieu à un meurtre; et non-seulement on ne doit pas tuer, mais encore on doit éviter de prêter la main ou de fournir occasion à un *homicide*.

### UN ARRANGEMENT PASSABLE VAUT MIEUX QU'UN EXCELLENT PROCÈS.

Christophe et Georges étaient en procès à cause d'un petit pré qu'ils se disputaient.

Georges voulait avoir le pré à lui tout seul, quoique le père de Christophe et Christophe lui-même en eussent joui, et l'eussent fauché avec lui pendant plus de trente ans ; mais il avait trouvé dans ses papiers quelques passages dont il résultait à demi qu'anciennement le pré avait appartenu tout entier à ses ancêtres.

Lorsqu'ils eurent exposé chacun leurs preuves au juge, et que celui qui voulait qu'on rejetât la demande dut parler à son tour, Christophe demanda combien il en coûterait pour mener l'affaire à sa fin. Il se trouva que les deux parties dépenseraient au-delà de la valeur du pré. Christophe offrit donc à Georges de s'arranger ; et il demanda la moitié du terrain contesté : Georges lui en accorda le tiers ; Christophe s'en contenta, et ils s'en retournèrent en bonne amitié chez eux, gardant chacun leur argent, et évitant une foule d'embarras et de pertes.

### L'ENTRETIEN DES ABEILLES.

#### DIALOGUE.

*Conrad.* — Racontez-moi donc encore quelque

chose de nouveau de votre voyage en Saxe, compère Guillaume.

*Guillaume.* — La chose la plus étonnante, c'était la grande quantité de tonnes de miel et de cire qu'on portait au marché.

*Conrad.* — Que valait une de ces tonnes de miel?

*Guillaume.* — Le prix d'un bon bœuf ou d'un cheval dans les herbages.

*Conrad.* — Il y a donc beaucoup d'abeilles là-bas?

*Guillaume.* — Celui qui a de l'intelligence a beaucoup d'abeilles, mais peu de ruches.

*Conrad.* — O compère Guillaume, si vous le savez, apprenez-moi comment on soigne les abeilles.

*Guillaume.* — C'est trop long à dire, et vous ne le retiendriez pas. Il vaut mieux que vous achetiez un bon livre sur l'entretien des abeilles, et vous y trouverez ce que vous me demandez. Mais je vous dirai cependant que, pour nous autres paysans, le plus avantageux est de ne point avoir d'abeilles chacun en particulier. Il vaudrait mieux les élever toutes en commun, et construire pour cela, dans un lieu commode, un bâtiment qui leur serait spécialement consacré. Chaque habitant donnerait une somme égale, ou bien chacun donnerait autant qu'il lui plairait. Avec cet argent on achèterait des ruches; un homme honnête et intelligent, qui pourrait disposer de son temps pour cela, serait

chargé de leur soin , et recevrait à titre de salaire ,
à chaque terme , quarante francs , je suppose , outre sa part dans les ruches. Enfin, à une époque
fixée , la cire et le miel seraient recueillis , pesés et
vendus publiquement , et chacun recevrait une
part du bénéfice proportionnée à sa mise. Le riche
gain qui en résulterait éloignerait souvent de notre
village le besoin d'argent.

*Conrad.* — Oui , oui, compère Guillaume ! mais
il faudrait que tous les gens du village fussent unis;
ce qui n'est pas et ce qui ne sera jamais.

De quelles richesses pourraient jouir des hommes
amis de la paix , et unis pour atteindre un but
commun ! combien de bénéfices permis ils pourraient faire !

Pourquoi y a-t-il donc si peu d'unité parmi les
hommes ? Parce que l'envie et la défiance remplis-
sent leur cœur. L'inimitié règne , et la saine raison
est rare.

---

## LE MÉPRIS DU BIEN GÉNÉRAL OCCASIONNE SOUVENT UNE PERTE PARTICULIÈRE.

Il était un village peuplé de gens méchants et peu
sensés , qui vivaient en mauvaise intelligence entre
eux. Une rivière, qui passait auprès de ce village,
rompit la digue qui la retenait, et inonda un champ
qui se trouvait dans le voisinage. Le propriétaire
fit tout son possible pour réparer la brèche ; mais

c'était trop d'ouvrage pour une famille, et ses voisins ne voulurent pas l'aider, parce que cette rupture ne leur était point nuisible, et qu'aucun n'aimait son prochain et ne s'intéressait au bien général. Enfin l'ouverture devint si large et si profonde, que la rivière tout entière se précipita par là, et se répandit sur les terres du village, qui fut alors complétement ruiné.

Si ces paysans insensés s'étaient prêté une mutuelle assistance, leur perte n'aurait pas été aussi grande, et ils seraient demeurés dans un état prospère.

### LES MAUVAIS BATTEURS EN GRANGE.

Un propriétaire avait un domaine sur lequel habitaient beaucoup de journaliers. Pour que ces gens pussent avoir du pain, il leur accorda, entre autres avantages, la permission de battre tout so blé à la mesure, c'est-à-dire moyennant la quatorzième mesure battue par eux ; et cependant il lui eût été bien plus profitable de faire battre son blé à prix d'argent ou par ses domestiques, car les grains étaient chers. Le maître recommanda plusieurs fois aux journaliers de battre avec soin et de ne point détourner le blé ; mais ils ne firent ni l'un ni l'autre. Par paresse ils battirent mal, et chacun d'eux emportait chaque jour, à midi et le soir en retournant chez lui, ses poches pleines de froment.

Pendant longtemps le maître ne s'aperçut point de cette fraude ; mais enfin elle fut découverte, et huit journaliers furent pris sur le fait. Lorsqu'on les interrogea, ils répondirent que ce n'était qu'une bagatelle, et demandèrent qu'on fût moins rigoureux. Mais le maître fit mesurer les poches, et il se trouva que chacune d'elles contenant cinq litres, on pouvait calculer que huit journaliers, sortant deux fois par jour, avaient pu dérober huit décalitres tous les jours, et s'approprier ainsi peu à peu vingt hectolitres, ce qui, au prix actuel du blé, représentait une valeur de quatre cents francs.

Les coupables furent sévèrement punis comme voleurs domestiques, et ils firent perdre à leurs camarades le service de la grange ; car le maître fit désormais battre ses grains sous ses yeux, à prix d'argent ou par ses domestiques. Les journaliers qui avaient eu connaissance du vol, mais qu'on n'avait pu convaincre de participation, se plaignirent de la perte que cette mesure leur faisait éprouver ; mais le maître leur répondit : Vous vous êtes attiré à vous-mêmes ce dommage ; car vous connaissiez le vol, et vous ne l'avez pas déclaré. Comment puis-je avoir confiance en vous ?

Ne vous rendez pas complice des fautes d'autrui, en les cachant ou ne les dévoilant pas ; mais au contraire prévenez de tout votre pouvoir le mal, afin qu'il ne vous atteigne pas vous-même.

## LE DISSIPATEUR.

Un jour, dans le mois de mars, le soleil répandait beaucoup de chaleur, les violettes fleurissaient,
les alouettes chantaient.

Un berger, se promenant devant sa porte, se
dit à lui-même : « Je suis bien fou d'épargner le
» foin; l'herbe croît chaque jour davantage, et il
» y en a déjà assez pour que les brebis puissent
» vivre. » Aussitôt il entra dans l'étable, et sou-
leva les perches sur lesquelles reposait le foin, de
telle sorte qu'il tomba en gros monceaux sur la
litière. Lorsque les brebis rentrèrent, et qu'elles
aperçurent cette abondance de fourrage, elles
cherchèrent le meilleur çà et là, et foulèrent aux
pieds beaucoup de foin qu'elles auraient mangé
avec avidité, si on le leur avait distribué régulière-
ment et modérément. Mais quelques jours après
il fit très-grand froid; il tomba beaucoup de neige.
Les brebis furent obligées de rester à l'étable, et le
berger faillit voir mourir de faim son troupeau tout
entier.

_____

### L'AVARE EST LE PLUS GRAND DE TOUS LES FOUS.

Nicolas avait assez d'argent, mais il craignait
de l'employer même pour son avantage particulier.
Entre autres choses, son poêle était en si mauvais
état, qu'il fallait le remplacer par un neuf. On

l'avait souvent averti que, s'il s'écroulait (1), le feu pourrait causer du dommage ; mais Nicolas ne tenait point compte de cela, et il se privait volontiers de se chauffer. Cependant un jour la rigueur du froid et la violence du vent le forcèrent d'allumer du feu ; et dès le matin, précisément lorsqu'il n'y avait personne dans la chambre, le poêle s'affaissa ; le feu prit à du chanvre qui en était tout proche, puis à l'armoire qui en était à quelques mètres, puis enfin il embrasa le lit. Le village était en émoi. Nicolas accourut, et se précipita dans la maison pour sauver son argent. Dans le même moment, les étincelles et la flamme jaillirent au dessus du toit, et comme on ne pouvait plus sauver la maison, on la démolit pour préserver au moins le reste des bâtiments et tout le village. On parvint ainsi fort heureusement à éteindre l'incendie ; mais on ne savait plus ce qu'était devenu Nicolas. Après avoir remué les débris, on trouva, devant l'armoire brûlée, son cadavre couché sur son argent. Il avait sans doute été étouffé par la fumée.

Celui qui prend l'argent pour but, tandis qu'on ne doit le considérer que comme un moyen, est un avare.

(1) Les poêles, en Allemagne, sont très-élevés.

## L'HÉRITAGE DÉSAVANTAGEUX.

Un ouvrier, dans une petite ville, jouissait d'une bonne réputation, et depuis plusieurs années vivait à l'aise avec son travail. Un de ses cousins mourut, en lui laissant par testament la propriété d'un petit domaine. Sa femme, qui avait du jugement, lui conseilla de vendre l'héritage; mais il ne voulut pas, car le domaine était situé dans un pays très-agréable, et il aimait la petite maison qui y était construite.

Lorsque notre homme fut installé dans sa propriété, il reçut la visite d'une foule d'oisifs de toute condition, qu'il n'osait pas renvoyer sans leur offrir à boire. La maisonnette fut bientôt trop petite. Le propriétaire augmenta son mobilier, puis finit par agrandir la maison.

Mais comme il négligeait son métier, et qu'il restait peu à la boutique, ses ouvriers faisaient ce qu'ils voulaient, travaillaient mal, etc.; il perdit en peu de temps toutes ses pratiques.

Quelques années après, il lui fallut vendre son domaine à moitié prix pour payer ses dettes, et comme il s'était habitué à l'oisiveté, il lui fut impossible de se livrer à un travail continu. D'un autre côté, comme il ne pouvait plus faire les avances nécessaires à son état, il fut obligé de servir comme compagnon. Le chagrin et une maladie aiguë l'emportèrent à la fleur de l'âge.

L'augmentation de fortune ne procure pas toujours un plus grand bonheur.

———

### DIFFÉRENCE ENTRE L'ÉCONOMIE ET L'AVARICE.

Deux habitants d'un village, dont la récolte avait
été complétement incendiée par la foudre, furent
envoyés par leurs compatriotes dans la contrée
environnante pour demander quelques secours
dans leur malheur.

Ces députés entrèrent de bon matin dans la cour
d'un riche cultivateur. Ils trouvèrent le maître
dans son étable, et, en s'approchant, ils l'enten-
dirent réprimander sérieusement son valet, pour
avoir laissé dans le champ, pendant la nuit, à la
pluie, la courroie qui avait servi à atteler les
bœufs, au lieu de l'avoir mise à l'abri de l'humidité.

Malheur à nous ! cet homme est avare, dit l'un
des envoyés à l'autre. On ne nous donnera rien ici.

Le maître, ayant aperçu les étrangers, les fit
entrer dans sa maison, et après avoir entendu le
récit de leur malheur, leur donna, à leur grand
étonnement, une somme d'argent assez considérable, leur promettant en outre d'envoyer des
grains de semence à leurs malheureux compatriotes.
L'émotion et la reconnaissance des envoyés furent

telles, qu'ils ne purent s'empêcher d'avouer à leur bienfaiteur, pendant le déjeuner, combien peu ils avaient compté sur sa libéralité, en l'entendant adresser des reproches à son valet pour une chose de peu de valeur.

Mes chers amis, répondit-il, c'est précisément parce que je m'occupe à chaque instant du moindre détail de mes affaires, que je me trouve dans une position assez heureuse pour pouvoir faire le bien.

Beaucoup de gens rougissent d'économiser, croyant simplement rougir d'être avares. Beaucoup rougissent d'être bienfaisants, croyant à tort être prodigues.

L'IMPRUDENCE.

Conrad était léger et peu disposé à écouter de bons avis.

Un jour qu'il faisait bien chaud, il s'échauffa à courir, et après avoir ôté son habit, il se plaça sous la grande porte, dans un courant d'air.

Son maître lui conseilla d'éviter un refroidissement subit. Mais Conrad lui dit qu'un refroidissement était sans danger pour lui. Le soir cependant il avait un rhume très-violent, et il était si enroué qu'il ne pouvait se faire entendre en parlant.

Le maître , homme plein de prudence , l'engagea
alors à boire plusieurs tasses d'infusion de fleurs de
sureau , et à aller se coucher de bonne heure , afin
qu'en rétablissant la transpiration qui avait été
arrêtée, il évitât un plus grand danger. Mais Conrad répondit que le rhume était peu de chose , que
sa gorge se guérirait d'elle-même , et il s'en émut
si peu , qu'il sortit le soir et ne rentra que fort tard
à la maison.

Mais le lendemain il était faible ; il n'avait pu
dormir pendant la nuit, et il éprouvait des douleurs
insupportables. Dans l'après-midi , la fièvre et les
vomissements se déclarèrent. Le soir la gorge s'enflamma , et le quatrième jour Conrad mourut d'une
esquinancie, c'est-à-dire d'une inflammation de la
gorge.

### LA GUÉRISON DÉSAVANTAGEUSE.

A la fin de l'hiver, Louise fut atteinte de la
fièvre tierce. Or cette sorte de fièvre cesse d'elle-
même, particulièrement chez les jeunes gens, à
l'aide de quelques remèdes très-simples. Cependant
des donneurs d'avis, sans jugement, persuadèrent
à Louise de couper sa fièvre par l'usage de médica-
ments violents. La fièvre céda, il est vrai, mais
pour cela Louise ne fut pas complétement guérie ;
elle demeura souffrante et faible , et si elle ne

s'était pas confiée aux soins d'un médecin habile,
elle serait morte d'une hydropisie.

De même qu'il y a des remèdes plus dangereux
que la maladie qu'ils doivent guérir, si on les emploie à contre-temps, de même il y a pour l'âme
des consolations pernicieuses. Le pécheur qui commence à comprendre l'énormité de ses fautes, et
qui s'en afflige, en offre souvent un exemple. Le
consoler en lui promettant le pardon divin par les
mérites de Jésus-Christ, avant qu'il ait bien senti
au fond de son âme la grandeur de ses fautes ou de
ses erreurs, ou bien encore vouloir le tranquilliser
trop tôt, en lui faisant espérer que l'intercession
d'une vertu étrangère pourra couvrir son iniquité,
cela n'a d'autre résultat que d'interrompre, d'une
manière nuisible, l'œuvre de sa correction, et
d'affaiblir la contrition salutaire qui aurait produit
en lui le changement intérieur nécessaire pour mériter le pardon de Dieu. Car alors ce pécheur croit
pouvoir arriver à la béatitude éternelle sans détruire dans son âme les obstacles qui s'opposent à
son salut, savoir : l'aversion pour le bien, le
penchant pour le mal, l'amour de la futilité et de
l'erreur.

———

### LES BONS CONSEILS MÉPRISÉS.

Une maladie épidémique se manifesta dans un
village. Le médecin, qui était un homme instruit

et charitable, allait voir tous les malades, et leur prescrivait les remèdes nécessaires, en leur recommandant de se tenir bien chaudement dans leurs lits, de boire de la tisane, et de ne rien prendre autre chose. Quelques personnes suivirent ses conseils, et guérirent; mais il y en eut d'autres qui méprisèrent ses bons avis, et qui voulurent agir à leur tête. Le médecin, disaient-elles, ne veut pas que nous mangions; cependant nous sommes très-faibles, et on ne peut pas vivre sans manger : il nous ordonne de boire de la tisane qui nous fait mal au cœur; il vaut bien mieux boire du vin chaud ou de l'eau-de-vie qui nous ranimera sur-le-champ, et nous donnera la force nécessaire pour nous tenir debout, au lieu de rester couchés dans nos lits... Tous ceux qui agirent ainsi moururent.

De même que ce sage médecin, Dieu apprend aux hommes ce qui est bon et ce qui est mauvais pour eux; mais c'est le plus petit nombre qui croit à ses paroles, et qui est sauvé.

------

### L'ENFANT INSENSÉ.

Un enfant tomba subitement malade. Ses parents envoyèrent sur-le-champ chercher le médecin. Celui-ci prescrivit des remèdes avec lesquels il avait déjà guéri beaucoup de personnes de la même maladie. L'enfant dont nous parlons refusa de prendre aucun remède. Ses parents lui demandèrent s'il ne désirait pas guérir. « Oh! oui , mès bons parents , » je désire être promptement guéri , répondait » l'enfant. Alors, disaient les parents , il faut faire » usage des remèdes ; il faut que tu les prennes, » afin que tu puisses te rétablir. » Mais l'enfant conservait son entêtement; il voulait bien guérir, mais il ne voulait pas prendre un seul des remèdes qui pouvaient combattre la maladie.

L'enfant mourut en peu de jours , après avoir consenti néanmoins à prendre une potion ; mais il était trop tard, et la maladie avait fait de trop grands progrès.

Louons la bonté du Créateur , qui a souvent donné une grande puissance curative à un petit brin d'herbe, à une racine, à une écorce sans importance; et soumettons-nous, quand nous sommes malades , à tout ce qu'un médecin exige de nous , comme s'il parlait au nom de Dieu.

---

### SANTÉ ET MALADIE.

#### DIALOGUE.

*Guillaume.* — J'ai entendu dire que votre fille était malade ; est-ce vrai, compère Benoît?

*Benoît.* — Oui, elle se plaint ; mais cela n'est rien et se guérira tout seul.

*Guillaume.* — Souvent on ne guérit pas ainsi.

Vous ne devriez pas négliger cette indisposition,
car quelquefois il faut bien peu de chose pour guérir une maladie qui commence, tandis que plus
tard elle devient incurable.

*Benoît.* — Je ne suis pas de cet avis. Quand on
ne fait pas de remèdes, on se rétablit sur-le-champ.

*Guillaume.* — Il faut de la modération en toutes
choses. Assurément celui qui voudrait sans cesse
avaler des remèdes pour les plus petits malaises
dérangerait sa santé; mais il y a des signes
d'après lesquels on peut savoir que des secours
sont nécessaires.

*Benoît.* — Et quels sont ces signes, compère?

*Guillaume.* — Je vais vous les dire. Lorsqu'on ne
peut pas manger, qu'on est oppressé au creux de
l'estomac, qu'on a la bouche mauvaise, que les
membres, le dos et les articulations font mal, qu'on
a de la répugnance à boire, qu'on a mal à la tête ou
le ventre dur, etc., voilà, compère, des signes qui
indiquent qu'on couve une maladie qui peut devenir dangereuse si on n'y remédie promptement.

*Benoît.* — Merci, compère. Alors je vais faire
boire à ma fille du vin chaud avec du sucre et de
la cannelle : on m'a toujours dit que c'était le meilleur remède.

*Guillaume.* — Prenez garde de faire du mal à
votre enfant, et n'employez pas au hasard tout ce
que vous conseillent des gens ignorants. Allez à la
ville, et faites pour votre fille ce que vous feriez

pour votre bétail, s'il était malade. Si vous ne me croyez pas, allez trouver le curé, et demandez-lui conseil.

*Benoît.* — Je vais le faire. Dieu vous garde, compère.

*Guillaume.* — Et vous de même.

Un bon conseil est une chose bien précieuse.

Un homme sage peut faire beaucoup de bien dans une commune. Efforcez-vous donc de devenir sage, c'est-à-dire d'apprendre à bien penser et à bien juger.

———

## DE LA VACCINE.

### DIALOGUE.

*Benoît.* — Bonsoir, compère Guillaume.

*Guillaume.* — Bonsoir, compère Benoît; comment va votre fille?

*Benoît.* — Bien mal, car elle a la petite vérole; elle est couverte de boutons; son visage est enflé; un de ses yeux est perdu, et il est bien à craindre qu'elle n'en meure.

*Guillaume.* — Je vous plains de tout mon cœur; mais si vous aviez suivi les bons conseils qui vous ont été donnés, vous auriez évité ce malheur, en faisant vacciner votre fille; et cet exemple vous prouve qu'il faut faire vacciner vos autres enfants.

*Benoît.* — C'est Dieu qui a fait la petite vérole;

s'il veut que nos enfants aient cette maladie, il faut bien nous y soumettre.

*Guillaume.* — Mais c'est Dieu aussi qui a fait le vaccin, et puisqu'il lui a donné la vertu de préserver de la maladie, il y a une faute grave à ne pas l'employer. C'est Dieu qui a fait le froid ; en résulte-t-il que ce soit aller contre sa volonté que de se chauffer auprès d'un bon feu ? Non sans doute, car c'est lui aussi qui a fait le feu. Dites-moi, compère, lorsque vous avez eu les fièvres l'année dernière, qu'avez-vous pris pour vous guérir ?

*Benoît.* — Le médecin m'a fait prendre du quinquina, et j'ai été guéri en quelques jours d'une fièvre qui durait depuis trois semaines.

*Guillaume.* — Eh bien ! il n'y a pas plus de mal à empêcher la maladie d'arriver, qu'à la chasser quand elle est venue. Remercions Dieu qui, s'il nous donne des maladies pour nous éprouver, nous donne aussi des choses qui les préviennent ou qui les guérissent. Usons de ces choses quand cela est nécessaire, tout en nous résignant à sa sainte volonté.

*Benoît.* — Mais on dit que la vaccine donne aux enfants d'autres maladies plus graves que la petite vérole.

*Guillaume.* — L'expérience a prouvé que c'est là une erreur ; car il existe un très-grand nombre d'enfants, et même d'hommes faits, qui ont été vaccinés et qui se portent bien, tandis que la pe-

tite vérole enlève ordinairement un grand nombre
d'enfants. Quand le vaccin est pris sur une personne
bien saine, il n'offre aucun danger ; tout se borne
à l'inflammation des piqûres et à un léger malaise.

*Benoît.* — Ah ! je regrette bien de n'avoir pas
fait vacciner ma pauvre fille, et je vais prier le
médecin de vacciner tous mes autres enfants , dans
la crainte qu'ils ne gagnent la petite vérole. Ah ! si
pour cette fois ma pauvre enfant pouvait se rétablir
et recouvrer toutes ses facultés !

*Guillaume.* — Je vous le souhaite de tout mon
cœur. Adieu.

Celui qui est sage écoute les bons conseils et en
profite.

————

### DES ALIMENTS.

Une femme, soit par avarice, soit par défaut de
jugement , ou par pauvreté, donnait, pour toute
nourriture , à ses petits enfants , de la soupe
à la farine ou des pommes de terre , sans y joindre
la quantité de sel nécessaire. Ses enfants devinrent
pâles , leur corps gonfla ; ils moururent les uns
après les autres.

Un jour qu'elle se lamentait sur leur mort , un
homme sensé, qui savait ce qu'elle avait fait, le
lui reprocha , et elle lui répondit : Ah ! comment
une personne de ma condition saurait-elle cela ?

Le sel est cher, les pommes de terre cuites sous la cendre et la soupe à la farine sont des mets bientôt préparés, et ils apaisent la faim comme tout autre aliment.

Ma chère femme, repartit l'homme prudent, apaiser sa faim n'est pas le but principal pour lequel on mange, c'est pour se nourrir et se donner des forces ; et ces deux conditions se seraient accomplies, si vous eussiez donné plus souvent à vos enfants de la soupe au pain avec du sel, ou du pain trempé dans du lait. Vous pouviez aussi préparer des carottes, car c'est une nourriture saine et excellente. Maintenant, répondit cette pauvre femme, j'agirai ainsi si Dieu me donne encore de nouveaux enfants.

Tous les aliments ne sont pas également sains, toutes les époques ne sont pas également favorables à leur usage. Plusieurs d'entre eux ne perdent leurs propriétés nuisibles que par la manière dont on les apprête.

L'ignorance tue quelquefois.

———

### DES VRAIS ET DES-FAUX AMIS.

Georges avait hérité d'une somme d'argent. Mais comme il n'avait point fréquenté l'école, comme il n'avait point reçu une bonne éducation, il manquait de sagesse, et ne sut point faire un bon usage de sa fortune. Il ne sortit presque point du cabaret, et dépensa jusqu'au dernier écu de son héritage.

Il avait gagé quelques musiciens ambulants, et tout le village buvait, dansait et jouait avec lui. Un jour, il était à la porte du cabaret, lorsque Guillaume passa : Guillaume, lui cria-t-il, viens ici, je paierai ton écot, nous nous amuserons; il ne t'en coûtera rien, j'ai encore assez d'argent. Guillaume était bien tenté; mais comme il avait quelque chose à porter sur-le-champ au curé, il répondit : Je n'ai pas le temps maintenant, je verrai cela à mon retour. Chemin faisant, il réfléchit à ce projet; et comme il ne pouvait se décider lui-même, il demanda au curé, homme d'une grande prudence, s'il pouvait aller avec Georges qui lui témoignait de l'amitié. Le curé lui répondit : « Non, » mon fils, ne fais pas cela. Georges est prodigue, » il finira mal s'il ne se corrige bientôt; il s'ennuie, » et il veut que tu l'aides à passer le temps, car il » ne fait pas plus de cas de toi que de son argent. » Mais il pourrait t'apprendre de mauvaises choses, » et cela te serait nuisible; le mauvais exemple » corrompt les bonnes mœurs. Prends de préfé- » rence un autre chemin pour retourner, afin que » la tentation ne soit pas trop forte. » Guillaume suivit ce bon conseil.

Peu après, Georges, dans une ivresse furieuse, se battit et fut blessé, ainsi que beaucoup d'autres.

Tous ceux qui avaient pris part à la querelle durent comparaître devant la justice, et tous subirent une punition.

Alors Guillaume se réjouit d'avoir écouté les avis du curé, et il se dit : Georges n'était pas mon ami; il voulait m'égarer. Le curé, au contraire, m'aimait véritablement; il m'a préservé du danger.

Celui qui honore et aime Dieu trouvera de vrais amis.

———

### GRAND ET PETIT.

César était orgueilleux, et il voulait toujours raconter quelques singularités, afin qu'on l'admirât, lui et ses aventures. Un jour il dit que lorsqu'il avait été fait prisonnier, étant au service, on l'avait emmené dans un pays où les abeilles étaient aussi grosses que des moutons. Guillaume, quelques jours après, lui demanda si dans le pays où on l'avait conduit pendant qu'il était prisonnier, il y avait beaucoup de ruches : Assurément, répondit-il, et plusieurs paysans en ont quelques centaines près des haies de leur jardin. Guillaume lui demanda alors si, par hasard, il y avait plus de deux abeilles dans chaque ruche. Pourquoi non? répondit César; il y en a plusieurs milliers. Alors chacun éclata de rire, car tant et de si grosses abeilles n'auraient pu trouver place que dans des ruches aussi grandes que de vastes églises, et il n'aurait pu y avoir des centaines de ruches dans un jardin.

Martin avait un autre défaut : rien ne lui paraissait bien, et il trouvait toujours quelque chose à dire sur chacun. Celui qui était calme et modeste, il le traitait de stupide ; celui qui était gai, il l'appelait insolent et moqueur. L'homme qui apportait du soin à ses affaires était pour lui un avare. Il accusait d'hypocrisie les caractères graves et honnêtes; il s'efforçait ainsi de ravaler toutes les bonnes qualités, et se réjouissait quand il pouvait déprécier ou blâmer quelqu'un. Mais chacun s'éloignait à son approche, et tout le monde le méprisait.

Évite également de vanter et de déprécier ; nomme chaque chose par son nom; conserve une juste mesure en toutes choses; considère plutôt les bonnes qualités que les défauts de ton prochain, si tu n'es pas obligé par ta position de l'aider à se corriger.

---

## LA VÉRITÉ.

Lorsqu'on interrogeait Guillaume devant un tribunal ou dans une conversation sérieuse sur ce qu'il savait d'une chose, il donnait franchement son opinion, ainsi qu'il pensait ; il ne grossissait ni ne diminuait rien, mais il disait la chose comme elle était. Chacun avait confiance en lui, et son simple *oui* et *non* avait plus d'importance que le serment d'un autre.

Par cette conduite, Guillaume s'acquit l'estime et la confiance de tous ceux qui le connaissaient.

Que chacun fuie le mensonge et dise la vérité.

---

### LES VOYAGEURS.

Dans un carrefour où aboutissaient trois chemins, deux voyageurs trouvèrent un homme et lui demandèrent amicalement quel chemin ils devaient suivre pour aller à une ville qu'ils lui nommèrent : ce renseignement leur était fort important, et ils promirent une récompense si on le leur donnait avec certitude.

Notre homme ne savait pas, d'une manière bien certaine, quel était celui des trois chemins qui conduisait directement à la ville ; mais la récompense le tenta, et il dit : Le chemin du milieu conduit tout droit à la ville ; car j'en arrive. Les voyageurs lui donnèrent la récompense promise, puis ils s'éloignèrent.

Après avoir marché pendant assez longtemps, ils entrèrent dans un village où on leur apprit qu'ils n'étaient point dans le bon chemin, et qu'ils avaient fait une course inutile. Ils furent vivement contrariés, et, dans leur colère, ils traitèrent

de trompeur et de coquin l'homme qui , au lieu
de leur indiquer la route , s'était moqué d'eux.

Ainsi le mensonge est nuisible. Ses résultats sont
la haine , la méfiance et l'erreur.

Un voleur est un homme dangereux ; mais un
menteur ne l'est pas moins.

Le mensonge et le vol se trouvent ordinairement réunis.

Un trompeur ment quelquefois par vanité ; il
s'attribue souvent avec assurance des qualités
imaginaires , et il induit ainsi en erreur ceux qui
se fient en lui.

____

### LE JOUEUR DE GOBELETS ET LE PAYSAN.

Un joueur de gobelets , nommé Joseph , méprisait le cultivateur Etienne, qu'il avait un jour
rencontré à la foire.

Je vais dans les appartements des princes et des
seigneurs , disait Joseph , et un louis d'or est le
moindre gain de ma journée. Il s'en faut de beaucoup que je gagne autant, repartit le paysan ; mais
remarquez bien que ma profession me fait vivre
en tout temps.

Peu de temps après , une guerre amena la disette dans le pays, et le jongleur se traîna avec
d'autres malheureux à la porte d'Etienne, demandant l'aumône.

Voulez-vous me servir comme valet ? dit Etienne

au jongleur ; je vous donnerai un salaire et je
vous nourrirai. Ah! répondit Joseph, si j'avais
appris cet état, je n'aurais plus besoin de mendier ;
mais je vous ferai tous mes tours pour un franc.
Ils ne pourraient compenser la perte de mon temps,
répliqua Etienne, quand même je ne regretterais
pas mon argent. Tenez, voici un morceau de pain ;
et n'oubliez pas cette vérité, que la meilleure profession est celle qui fait vivre en tout temps celui
qui l'exerce.

#### LA CHARRUE NOUVELLE.

Un mécanicien, se trouvant un jour dans un
village, vit les paysans labourer la terre. Il s'ap-
procha d'eux, examina la charrue dont ils se ser-
vaient, et comme il lui sembla qu'elle ne valait
rien, il leur dit : « Mes bonnes gens, je suis fâché
» que vous vous fatiguiez autant. Je vais vous
» apprendre à faire une meilleure charrue qui ne
» vous donnera pas autant de peine, qui épuisera
» moins les forces de votre bétail ; et avec laquelle
» cependant vous pourrez labourer avec plus d'a-
» vantage et de facilité. »

A peine avait-il achevé que les paysans lui lan-
cèrent des pierres et le poursuivirent en criant :
Quoi! tu prétends être plus habile que nos pères qui
ont toujours labouré avec cette charrue ? Nous
savons travailler avec cet instrument, et nous se-

rions obligés d'apprendre à conduire le nouveau,
quand même il serait préférable à celui-ci.

Avaient-ils raison ? Etait-ce bien ?

---

## MARTIN ET SON MAITRE.

### DIALOGUE.

*Martin.* — Si un jardin peut produire tous les
ans, la campagne pourrait bien aussi être ensemencée tous les ans ?

*Le maître.* — Pourquoi non ? Travaille seulement ton champ avec autant d'activité que ton
jardin, et tu pourras obtenir ce résultat. Mais ce
qu'il y a de plus important, c'est que tu trouveras
toi-même d'où cela vient.

*Martin.* — Cela vient peut-être de ce que le
champ est aussi bien situé et est une aussi bonne
terre que le jardin ?

*Le maître.* — Précisément ; car, par exemple,
si tu choisissais pour cela une colline sablonneuse,
exposée à nu aux rayons du soleil, ni tes *façons*
ni ton fumier ne te serviraient à rien. Il en serait
de même si tu opérais sur un terrain souvent
inondé. Mais, Martin, quel est le côté de la colline
qu'on pourrait améliorer avec du travail ?

*Martin.* — Celui qui est exposé au nord, parce
qu'il est moins brûlé par le soleil.

*Le maître.* — Bien ; mais si tu avais le choix,

que préférerais-tu , d'une colline sablonneuse ou d'un morceau d'excellent terrain bas et souvent inondé chaque année ?

*Martin.* — S'il était possible d'empêcher l'inondation au moyen de fossés d'écoulement et de chaussées , je choisirais le terrain bas ; sinon , je préférerais la colline.

*Le maître.* — Pourquoi ?

*Martin.* — C'est que ma peine serait perdue dans un terrain bas , sujet à de fréquentes inondations , et je ne pourrais ni nourrir mon bétail ni subsister moi-même. Dans le terrain sablonneux , au contraire, ma récolte serait toujours certaine, quelque minime qu'elle fût.

*Le maître.* — Te rappelles-tu comment on peut cultiver les terrains hauts de mauvaise qualité ?

*Martin.* — On plante dans des fossés qui sont abrités au couchant par un rempart de pierres ou de terre , afin que le soleil ne puisse pas darder aussi longtemps ses rayons au pied des plantes. La terre qui a formé le rempart se rejette dans le fossé , au bout d'un an , quand elle a été fertilisée par l'air , et on élève un nouveau talus au bord du fossé.

*Le maître.* — Et quels produits pourrais-tu , au besoin , cultiver sur une pareille hauteur ?

*Martin.* — L'esparcette et la pimprenelle donnent, au besoin, de bons fourrages sur les lieux arides. On peut encore y faire venir des pommes de terre, de l'avoine, du millet et du blé noir. Parmi les arbres fruitiers, les cerisiers aigres, les pruniers, etc., y réussissent.

*Le maître.* — Mais nous nous sommes éloignés de la réponse à ta question. Te rappelles-tu ce que tu demandais ?

*Martin.* — Oui, mon cher maître, je vous posais cette question : Si un jardin peut produire tous les ans, la campagne ne pourrait-elle pas aussi être ensemencée tous les ans ? Est-il donc nécessaire qu'elle se repose ou qu'elle demeure en jachère ?

*Le maître.* — Quel bétail paît ordinairement sur les jachères ?

*Martin.* — Les chevaux, les bêtes à cornes, les moutons, les porcs et les oies.

*Le maître.* — Ils trouvent donc sur les jachères la nourriture nécessaire ?

*Martin.* — Ils y trouvent de la nourriture en quantité suffisante, sinon ils ne pourraient vivre. Il y croît du gazon et toute sorte d'herbes.

*Le maître.* — La terre ne se repose donc point, si elle produit tout cela. Mais peut-il y avoir un bon champ là où tant de gazon et de racines de mauvaise herbe épuisent le sol ? Peut-on à l'avenir y récolter de bon blé ?

*Martin.* — Non, car il faut labourer et herser ce terrain d'autant plus souvent ; et si la mauvaise herbe repousse avec le blé, on a une mauvaise récolte.

*Le maître.* — Ajoute que ce pénible travail fait passer quelquefois le temps le plus favorable aux ensemencements., ou bien encore qu'on laboure mal, parce qu'on se hâte trop.

*Martin.* — Tout cela arrive bien souvent.

*Le maître.* — Pourquoi les paysans laissent-ils donc des jachères, puisque, loin de se reposer, la terre produit partout de mauvaises herbes? D'un autre côté, le fumier du bétail qu'on fait paître dans les champs en jachère est à peu près perdu, parce que le soleil le dessèche et lui enlève tout son suc.

*Martin.* — Il faut bien qu'il y ait des jachères pour faire pacager le bétail.

*Le maître.* — Mais si, pour nourrir le gros bétail à l'étable, on semait dans les champs du trèfle, dont la culture offre tant d'avantage; si on parquait les brebis sur les plus mauvaises terres, si on éloignait les porcs et les oies qui, le plus souvent, nuisent plus qu'ils ne sont utiles, penses-tu que les jachères seraient encore nécessaires?

*Martin.* — Non certainement.

*Le maître.* — Sème-t-on toujours, dans le jardin, la même semence dans le même lieu?

*Martin.* — Non, on change au contraire les ensemencements.

*Le maître.* — Comment devrait-on donc comprendre ces paroles : *Le champ doit se reposer ?*

*Martin.* — C'est comme si on disait : *Tu ne dois point semer continuellement la même graine dans le même champ.*

*Le maître.* — Assurément ; si tu ne peux donner à ton champ les mêmes soins qu'à ton jardin, tu ne peux en exiger des produits semblables.

Si, au contraire, ton champ a les mêmes qualités que ton jardin, fais tous tes efforts pour le façonner comme ce dernier, et il te produira comme lui.

------

## LA NOURRITURE DES BÊTES A CORNES A L'ÉTABLE.

### DIALOGUE.

*Conrad.* — Dites-nous ce que vous pensez de la nourriture des bêtes à cornes à l'étable.

*Guillaume.* — Je pense que si chacun nourrissait le bétail à l'étable pendant le printemps et l'été, jusqu'à la récolte des seigles, avec du foin, du trèfle et d'autres bonnes herbes fourragères, des feuilles de chou, de grosses raves, des pommes de terre, et de mauvaises herbes arrachées çà et là, on aurait un fumier meilleur et plus abondant, quoiqu'on eût moins de bétail. Par suite de cette amélioration de nourriture et du repos, les vaches, quoique moins nombreuses, donneraient du lait aussi en plus grande abondance, et des veaux plus forts.

*Conrad*. — On épargnerait aussi le salaire du berger.

*Guillaume*. — On se dispenserait ainsi de faire brouter les prairies aux premiers jours du printemps, et par conséquent on pourrait les faucher bien plus tôt; avant la moisson; car le foin prospère bien dans les grands jours : celui que l'on couperait au mois de juin donnerait du regain, et serait fauché de nouveau.

*Conrad*. — Mais comment se fait-il, Guillaume, que l'on n'ait pas expérimenté cela depuis longtemps déjà? car, pour moi, l'avantage de la nourriture à l'étable me semble bien évident.

*Guillaume*. — Cela tient sans doute à ce que jusqu'à présent les paysans ne se sont point habitués à raisonner sur leur profession, c'est-à-dire à réfléchir sur l'économie rurale. Dans d'autres contrées, l'entretien du bétail à l'étable est mis en pratique depuis longtemps.

*Conrad*. — Mais ne doit-on point aussi faire pacager les chevaux?

*Guillaume*. — Pourquoi cela? Quatre chevaux nourris à l'étable font le service de huit chevaux nourris sur le pré. On n'a besoin que d'un palefrenier, et on use moitié moins de harnais. Comme ils sont plus forts, ils font plus de travail que huit chevaux au vert, qui se nourrissent avec peine sur de maigres prairies, et paraissent à demi morts. Puis ensuite le pacage perd les prairies, parce qu'on le commence trop tôt, et qu'on le continue jusque dans l'arrière-saison.

On devient savant en questionnant autrui.

Cherche à t'instruire en conversant avec les gens sensés, et augmente chaque jour les connaissances que tu possèdes sur les choses de ta profession.

———

### L'ENTÊTÉ ET L'HOMME RAISONNABLE.

L'autorité avait décidé qu'on ferait, par le territoire d'une commune, un nouveau chemin qui devait établir une communication facile avec une grande route : il fallait pour cela prendre des terrains, et couper des champs appartenant à plusieurs habitants ; mais en même temps on leur offrait une indemnité pour le terrain qu'on leur prenait. Pierre ne voulut pas consentir à céder le terrain qu'on lui demandait; il prétendait qu'il n'avait pas besoin du nouveau chemin que l'on voulait faire. Mais on le cita devant le juge; il fut condamné, et il paya en frais de justice une somme plus considérable que celle qu'on lui donna pour prix de son terrain.

Jacques, autre propriétaire, consentit au contraire sur-le-champ à ce qu'on demandait de lui; il reçut une bonne indemnité avec laquelle il acheta un petit champ, et il y gagna de toute façon, parce que le chemin nouveau rendait beaucoup plus facile l'exploitation de sa propriété.

L'intérêt d'une commune tout entière doit l'emporter sur l'intérêt d'un seul homme, et un bon citoyen doit être prêt à faire le sacrifice de quelques avantages au bien commun.

L'autorité juge beaucoup mieux que les particuliers ce qui convient au bien général ; les particuliers doivent alors se soumettre, et céder leur propriété quand on leur en donne un prix raisonnable.

***

## LE VILLAGE RÉGULIER.

Je vis une fois un village dont l'aspect me fit grand plaisir. Plût à Dieu que chaque village fût aussi bien organisé !

Toutes les cours et tous les jardins étaient entourés de murs d'argile et de pierres des champs, de deux mètres de hauteur, d'un mètre d'épaisseur à la base, et de soixante centimètres au sommet. Je demandai sur-le-champ aux habitants s'ils n'avaient point eu beaucoup de peine à construire de pareils murs. Assurément, répondirent-ils ; mais à l'avenir nous en aurons bien peu. Ces murs ne peuvent être ni volés, ni incendiés ; c'est un ouvrage durable, et nous l'avons fait peu à peu, lorsque nous n'avions pas d'occupations pressantes.

Les seuils des bâtiments reposaient tous, à soi-
xante-six centimètres au dessus de terre, sur une
base en maçonnerie. Auprès des maisons on ne
souffrait ni boue ni fumier.

Le dimanche, la commune s'assemblait, et on
décidait ce qui devait être fait la semaine suivante
dans l'intérêt commun.

On chassait de la commune les voleurs, les ivro-
gnes, les blasphémateurs, les débauchés ou les
mauvais fermiers. Car, disait-on, ces hommes ne
nous donnent que du malheur, et ils attirent la
malédiction et l'opprobre sur notre village.

Celui qui devenait malheureux sans qu'il y eût
de sa faute, ou qui tombait malade, était secouru
par tous les autres, jusqu'à ce qu'il se rétablît ou
qu'il fût sorti de la misère; cet homme avait alors
le cœur plein de reconnaissance, et il priait Dieu
de récompenser ses bons voisins.

Chez ces braves gens, il n'y avait ni envie, ni
colère, ni rancune. Les enfants ne voyaient point
de mauvais exemples, et grandissaient dans la
crainte de Dieu et l'amour de leurs parents.

Il n'y avait point de prison dans ce village. L'ancienne était tombée en ruines, et l'autorité ne
l'avait point fait rétablir : « Car, disaient-ils, une
» prison n'est que pour les mauvaises gens, et il
» n'y en a pas parmi les habitants de ce village. »

Oh! plût à Dieu que chaque village ressemblât
à celui que je viens de décrire !

### LE MAIRE.

Dans le village dont nous venons de parler, il y
avait un maire qui avait beaucoup contribué à établir le bon ordre qui y régnait. Il savait bien écrire
et bien compter; c'était un excellent agriculteur;
il vivait en paix avec sa femme, envoyait ses enfants à l'école, et leur apprenait toutes sortes de
bonnes choses. A l'église, il écoutait avec la plus
grande piété; il était bienfaisant pour les pauvres.
Par sa bonté et sa douceur, il savait promptement
apaiser une dispute quand elle s'élevait, et chacun lui demandait volontiers conseil, car il était
connu pour un homme probe et honnête. Ce maire
était si aimé par ses administrés, qu'il était beaucoup plus considéré que la plupart de ceux qui
exercent les mêmes fonctions; et comme personne
ne le blessait ou ne l'offensait volontairement, il
vécut calme et honoré jusqu'à un âge très-avancé.

L'estime est la récompense du mérite.

Celui qui s'acquitte de ses fonctions ainsi que
son devoir l'exige, mérite qu'on l'estime.

---

### UN BÉNÉFICE PROCHAIN OCCASIONNE SOUVENT UNE PERTE ÉLOIGNÉE.

Dans un village situé aux environs d'une ville,

un cultivateur, qui avait un excellent domaine, entretenait quatre forts chevaux.

Plusieurs personnes de la ville vinrent le trouver, et traitèrent avec lui pour qu'il les conduisît avec ses chevaux dans un endroit où elles voulaient aller. Comme on lui offrit un bon prix, il se laissa gagner, et commença à faire le métier de loueur de chevaux. Les voyageurs donnèrent pour-boire au domestique, et le gratifièrent de bon nombre de *petits verres*, afin qu'il les menât rapidement.

Ce genre de vie plaisait mieux au domestique que le travail des champs. S'il était nécessaire de labourer, de herser, de charrier du foin, etc., et qu'il se présentât un voyage à faire, il raisonnait toujours ainsi : Le maître doit gagner ce bon argent; la belle saison n'est pas finie, nous aurons toujours assez de temps pour labourer.

Le maître avait gagné cent écus en peu de temps; cela lui plaisait, et il continua à faire ce métier.

Mais les chevaux en souffraient beaucoup, car ils étaient souvent surmenés, lorsque le valet avait trop bu ; il leur fallait en outre faire encore tout le travail des champs qu'on avait laissé en retard. Le temps devint pluvieux, et le foin se perdit. L'hiver vint plus tôt qu'à l'ordinaire, et le domaine ne put être ensemencé, ou bien il le fut à la hâte et fort mal.

A l'entrée du printemps, les chevaux moururent l'un après l'autre. Le paysan voulut en avoir quatre autres, et il fut obligé d'ajouter à l'argent qu'il avait gagné aux voyages une somme double, de sa propre bourse, et de plus il eut de grandes pertes à supporter à l'époque de la moisson.

Rendu prudent par ses malheurs, le cultivateur chassa son domestique infidèle, et personne du voisinage ne voulut le prendre à son service, car, en voyageant, il s'était habitué à l'ivrognerie.

---

## LE PAYSAN RUINÉ PAR LE DÉFAUT D'ORDRE.

Un certain cultivateur était devenu pauvre, et personne ne savait comment cela s'était fait, car il n'était pas débauché.

Il y avait dans le village un homme sage qui dit: Mes enfants, je vais vous expliquer comment cet homme s'est ruiné. C'est par son défaut d'ordre : il achetait des instruments, et il les laissait sur la terre, à la neige et à la pluie ; aussi étaient-ils constamment brisés et endommagés. Les harnais de ses chevaux traînaient par terre dans l'écurie, et ils étaient mangés par les rats. Sa charrue, le joug et les courroies, abandonnés dans les champs, y pourrissaient rapidement. La rouille rongeait ses instruments en fer ; car peu lui importait où il les mettait : à chaque instant il lui fallait acheter du neuf, et c'est ainsi qu'il s'est ruiné.

Les habitants donnèrent raison au narrateur, et, avertis par cet exemple, ils prirent à l'avenir plus de soin de leurs propres affaires.

---

## TU SERAS PUNI PAR OÙ TU AURAS PÉCHÉ.

Un cultivateur était voisin d'un propriétaire qui passait quelquefois plusieurs années sans revenir dans ses terres. La vieille mère de ce propriétaire administrait en son absence, et elle avait pour intendant le frère du cultivateur dont nous parlons. Ces deux hommes furent d'accord pour tromper le propriétaire. Tous les ans, le cultivateur labourait quelques sillons de plus sur les terres qui côtoyaient les siennes; tous les ans il reculait d'un pas la borne qui fixait la limite de ses prairies.

Un jour qu'il élaguait des peupliers dans la prairie, l'échelle tourna, et il tomba sur la borne qu'il avait déplacée. Dans sa chute, ses côtes se brisèrent, et il souffrit d'atroces douleurs.

Alors il se repentit, et déclara qu'il était précisément tombé sur la borne, qui ne se serait pas trouvée là, s'il ne l'eût pas changée de place. Il mourut, et l'intendant, son frère, fut renvoyé honteusement.

---

## LE TRAVAIL DEMEURE RAREMENT SANS RÉCOMPENSE.

Un paysan avait éprouvé beaucoup de pertes dans son bétail, et il avait besoin de trente écus pour en acheter du nouveau.

Dans son jardin étaient deux gros pommiers, de l'espèce qu'on nomme pommes de reinette. Son père les avait plantés. Depuis quelques années, le paysan avait soigné ces deux arbres avec beaucoup d'activité, parce qu'une fois il avait eu avec le curé une conversation sur l'utilité des arbres fruitiers. Il avait donc pris le plus grand soin de ces deux pommiers, avait enlevé le bois mort et détruit les nids de chenilles ; et l'année dans laquelle il perdit son bétail, ils commencèrent à fructifier, et donnèrent dix boisseaux de grosses et belles pommes. Cette année-là les pommes avaient généralement manqué, et elles étaient si chères, que le paysan put vendre les siennes trois écus la mesure.

Ainsi deux arbres bien soignés l'aidèrent dans le besoin.

————

## L'ÉDUCATION DES VERS A SOIE.

### DIALOGUE.

*Conrad.* — D'où vient que l'autorité tient tant à ce qu'on plante des mûriers ?

*Guillaume.* — Parce qu'elle veut nous procurer l'avantage de pouvoir nous livrer à l'élevage des vers à soie.

*Conrad.* — Y a-t-il donc un grand avantage à cela, compère ?

*Guillaume.* — Assurément ; ça ne dure que six à sept semaines par an, et on peut récolter pour plus de cinquante écus de soie. Les vieillards, les gens qui ne peuvent se livrer au travail des champs, les enfants, peuvent s'occuper de ces soins, et chaque cultivateur a pour cela un local convenable, car chaque laboureur a un grenier.

*Conrad.* — Je voudrais savoir comment on élève les vers à soie.

*Guillaume.* — Notre instituteur le sait, et il l'enseigne à tous les enfants de son école. La chose importante, c'est d'éviter de donner aux vers de la feuille de mûrier humide ou gâtée.

Les vers à soie naissent vers la mi-mai. Il faut les mettre à l'abri des rats, et si les jours sont froids, s'ils sont encore petits, on doit les tenir modérément chauds.

*Conrad.* — Mais que fait-on de la soie?

*Guillaume.* — Lorsque les vers à soie ont filé, on met les cocons dans le four pour étouffer la chrysalide, et on les vend au poids.

*Conrad.* — J'engagerai notre vieille mère à élever des vers à soie, car elle dit souvent qu'elle trouve le temps bien long, et qu'elle voudrait bien connaître un travail que sa faiblesse lui permît de faire.

*Guillaume.* — Plante beaucoup de mûriers, afin de ne pas manquer de feuilles. J'en mettrai moi quelques-uns dans toutes les places vides, car un bon cultivateur doit tirer parti de tout.

*Conrad.* — Vous avez raison, compère, je le ferai aussi.

Interroge les gens sensés sur ce que tu ne sais pas; et ne rougis pas, même dans ta vieillesse, d'apprendre et de faire quelque chose de bien.

---

### LE BLÉ EST A BON MARCHÉ.

Guillaume avait la bonne habitude de conserver sa récolte de blé pour l'année suivante, et il vendait ce qui lui restait au prix courant; car, après six années d'observations, il avait calculé qu'il avait, en agissant ainsi, plus de bénéfice que ceux qui veulent attendre la disette pour vendre, et perdent souvent les bonnes occasions.

Il disait ordinairement : Celui qui a du blé à vendre désire la hausse des prix; celui, au contraire, qui veut acheter, désire la baisse. Pourquoi le premier de ces souhaits serait-il seul exaucé? Dieu, qui nourrit toutes les créatures, fait aussi croître le blé pour ceux qui ne le sèment ni ne le récoltent.

Celui qui accapare les blés, et fait ainsi augmenter les prix, encourt la malédiction de tous.

———

### DES QUALITÉS D'UN BON BERGER.

Il est plus difficile qu'on ne le pense d'être bon
berger. Il ne suffit pas de savoir conduire son troupeau d'un lieu dans un autre et de le diriger avec
son chien.

Un bon berger, qu'il ait un grand ou un petit
troupeau, doit bien connaître l'espèce et la nature
des bêtes qu'il garde, et les pâturages qui leur
conviennent le mieux, aux différentes époques de
l'année et du jour.

Il ne doit pas les laisser sortir par les brouillards,
qui sont si dangereux, et quand le ciel est couvert
de nuages.

Il ne doit pas les conduire tout-à-fait à jeun au
pacage.

Il doit avertir à temps son maître des maladies
de ses bestiaux, et savoir habilement ouvrir une
veine, dans le cas d'un étourdissement subit d'un
animal, accident causé le plus souvent par la trop
grande abondance ou le défaut de circulation du
sang.

Il faut qu'il ne néglige pas de mener fréquem-
ment son troupeau à l'eau fraîche pendant les
grandes chaleurs.

En un mot, un bon berger doit non-seulement savoir chercher, mais encore vouloir chercher l'amélioration de son troupeau, et, par suite, l'avantage des propriétaires de ce troupeau, par tous les moyens possibles et permis.

Celui qui possède les qualités que je viens d'énumérer mérite seul le titre de bon berger.

---

## LA FEMME QUI SÈME LA DISCORDE.

Il y avait dans un certain village une femme qui allait d'une maison dans une autre, répétant aux habitants ce que celui-ci ou celle-ci avait dit sur leur compte. Avant qu'on s'aperçût de sa méchanceté, les meilleurs amis se brouillèrent; les parents, les beaux-pères, les belles-mères, les frères, les sœurs, en vinrent à se haïr de la manière la plus violente.

Si deux familles se querellaient, c'était certainement ses menées qu'il fallait en accuser; car elle savait si bien exciter la curiosité par ses paroles artificieuses, que ces gens simples lui donnaient ce qu'elle demandait, afin d'apprendre ce que l'on avait dit d'eux.

La méchanceté de cette femme fut longtemps inconnue, car elle recommandait à chacun de ne point nommer la personne qui l'avait instruit.

Enfin le curé vint à savoir ce qui se passait. C'était un homme sensé, et qui connaissait les manœuvres des gens de cette espèce. Il prêcha donc souvent sur ce sujet, et comme il expliqua fort clairement comment sont ces gens qui cherchent leur profit particulier dans les querelles et les procès d'autrui, tous ses auditeurs furent convaincus. Ils allèrent le trouver, et lui racontèrent ce qui leur était arrivé.

Le curé opéra une réconciliation générale, et personne ne voulut plus voir la méchante femme, qui quitta le pays.

Fuyez les calomniateurs et les détracteurs, et n'ajoutez pas foi aux paroles de ceux qui n'accusent qu'en secret.

---

## LES COMMUNIANTS.

Deux époux se disposaient à s'approcher de la sainte table pour faire leurs pâques. La femme dit à son mari : Cher ami, pardonne-moi, je t'en prie, toutes les offenses que j'ai pu commettre envers toi. Pardonne-moi aussi, répondit le mari, car je te pardonne de tout mon cœur, et je te prie de me rappeler les personnes que nous avons pu mécontenter, afin que nous allions les trouver et que nous nous reconciliions avec elles : car Dieu ne pardonne qu'à ceux qui aiment leur prochain.

Pardonnez-nous nos offenses, comme nous les pardonnons à ceux qui nous ont offensés.

---

## LES SOLDATS GÉNÉREUX.

Guillaume et Laurent firent un jour prisonnier de guerre un officier ennemi grièvement blessé, qui leur demanda la vie. Votre vie est en sûreté, répondirent-ils, car nous ne tuons jamais les prisonniers. Ensuite il leur offrit son argent, sa montre, et tout ce qu'il possédait, afin qu'ils le missent en sûreté et qu'ils fissent appeler un chirurgien pour panser ses blessures. Les deux soldats reçurent l'argent et les bijoux que leur offrait l'officier, dans la crainte qu'il ne fût pillé ; mais ils prirent note de son nom, et quand ils connurent le lieu où il avait été conduit, ils eurent soin de lui envoyer tout ce qui lui appartenait.

En recevant son argent et ses bijoux, l'officier ennemi s'étonna des sentiments désintéressés de ces simples soldats. Il publia leur action avec les plus grands éloges, et leur fit un présent considérable, qu'ils acceptèrent parce qu'il était librement donné.

---

## L'AMI DANS LE BESOIN.

Charles et François devinrent tous les deux soldats. Ils se connaissaient depuis leur enfance. Ils étaient amis, et leur amitié se continua pendant le temps de leur service militaire.

François fut fait promptement sous-officier, à cause de sa bonne conduite, et parce qu'il savait bien lire et bien compter.

Dans une campagne qu'ils firent ensemble, Charles fut blessé au pied pendant une retraite, et si François n'eût pas été là, il serait demeuré en route sans secours, serait sans doute tombé dans les mains des ennemis, et il aurait perdu la vie ou tout au moins la liberté. Mais aussitôt que François s'aperçut du malheur arrivé à Charles, il le transporta lui-même sur un chariot destiné à recevoir les blessés; de telle sorte que Charles fut sauvé par les soins de François, son ami.

Un ami véritable se reconnaît dans le malheur.

Il y a une foule de cas dans lesquels on ne peut récompenser les services rendus par l'amitié, quand même on donnerait tout ce que l'on possède.

---

## DE LA DIFFÉRENCE QUI EXISTE ENTRE LE COURAGE ET LA FANFARONNADE.

Un général ayant demandé des hommes de bonne volonté pour une attaque dangereuse, en promettant une récompense, les soldats répondirent : Nous sommes tous de bonne volonté; qu'on nous commande pour l'attaque suivant notre ordre de rang, nous ne demandons aucune récompense particulière.

Qu'arriva-t-il? Ils firent leur devoir, et Dieu leur donna la victoire.

Chacun doit consacrer à la patrie ses forces, sa santé et même sa vie, lorsqu'elle l'appelle, et il en retire de l'honneur et de la gloire.

Mais celui qui s'expose au danger sans nécessité, par bravade et par légèreté, commet une grande faute.

———

## SOBRIÉTÉ.

### DIALOGUE.

*Le maître.* — Dis-moi la sentence que tu as apprise hier.

*Charles.* — « C'est une folie de se créer des be- » soins nombreux! Cela est cher, et je puis m'en » passer..... »

*Le maître.* — Crois-tu aussi, Charles, que ce soit une folie de se créer des besoins inutiles?

*Charles.* — Oh! oui, je le crois : c'est ainsi que ceux qui ont pris l'habitude de manger du pain blanc ne veulent plus en manger d'autre.

*Le maître.* — Comment les choses inutiles deviennent-elles un besoin?

*Charles.* — Par l'habitude.

*Le maître.* — Bien : car, pour conserver l'exemple que tu viens de donner, celui qui pendant long-temps ne mange que du pain blanc, rend son estomac incapable de digérer de gros pain. Ne connais-tu pas d'autres exemples?

*Charles.* — Celui qui ne considère pas l'eau comme une boisson, croit, s'il a soif, qu'il lui faut du vin ou de la bière.

*Le maître.* — Et même souvent des liqueurs fortes. Tu pourrais citer aussi l'homme qui croit qu'il lui faut un verre d'eau-de-vie à chaque repas pour pouvoir digérer, etc. Mais je connais encore un exemple de cette mauvaise habitude si nuisible à la santé : je veux parler de la coutume qui com-mence à s'établir chez les gens de peu de fortune, de prendre du thé ou du café le matin ou dans l'après-midi.

*Charles.* — Comment cela peut-il être nuisible, mon cher maître?

*Le maître.* — Que faut-il pour faire du café?

*Charles.* — De l'eau chaude, du sucre et du café.

*Le maître.* — Si on veut faire chauffer de l'eau dans l'après-midi, que faut-il?

*Charles.* — Du feu.

*Le maître.* — Et par conséquent du bois. Le café, le sucre et les liqueurs fortes ne sont pas des produits qu'on récolte soi-même, il faut donc les acheter, dépenser beaucoup d'argent. Il y a encore un désavantage à cela : l'homme qui commence à s'habituer à ces boissons finit ordinairement par en faire un usage immodéré, parce qu'il les trouve bonnes. Ainsi, il est possible que celui qui boit un verre d'eau-de-vie après son repas facilite sa digestion ; mais il court le risque d'en prendre outre mesure, et de devenir tout-à-fait stupide et incapable de s'occuper d'aucune affaire. Que de temps, que de vaisselle coûteuse ne faut-il pas aussi, pour faire et pour prendre du café ! Que t'apprend donc la sentence que tu m'as récitée?

*Charles.* — Elle m'apprend à éviter tout ce qui peut m'habituer aux choses qui ne conviennent ni à ma condition, ni à ma santé, ni à ma fortune.

*Le maître.* — Et comment feras-tu pour ne t'accoutumer à rien de tout cela?

*Charles* — Je m'habituerai à la sobriété.

*Le maître.* — Que veux-tu dire par ce mot *sobriété?*

*Charles.* — J'entends le *non-usage* de tout ce qui est inutile et superflu.

*Le maître.* — Alors, pendant toute ta vie, tu mangeras du pain sec et tu boiras de l'eau.

*Charles.* — Non, mon cher maître ; je peux me procurer quelque chose de plus agréable. Je n'entends pas pratiquer ce précepte tellement à la lettre que j'en sois malheureux.

*Le maître.* — A quoi maintenant s'applique

surtout la sobriété? Est-ce au pain, à l'eau, ou bien aux boissons et mets délicats?

*Charles.*— Sans aucun doute, aux dernières ; car on est porté de soi-même à être sobre des choses dont l'usage immodéré n'a rien d'agréable.

*Le maître.* — Ainsi un homme sobre est celui qui s'applique à s'abstenir des choses inutiles et super-flues, à jouir avec modération des choses utiles, et qui ne se laisse jamais dominer par ses appétits.

Conserve une juste mesure en toutes choses ; car ce qui est permis devient dangereux si on en abuse.

## LA BELLE-MÈRE.

Louise épousa un homme veuf, père de trois pe-tits enfants. Le jour de son mariage, elle adressa cette prière à Dieu : Seigneur mon Dieu, la des-tinée des hommes dépend de votre volonté : je vais devenir l'épouse de cet homme, je vais prendre la place de la femme qu'il a perdue ; je dois donc aussi m'acquitter de tous ses devoirs, et devenir la mère de ces pauvres enfants abandonnés. C'est sans doute une chose bien difficile ; cependant je vous promets et je vous jure à vous, mon Dieu, qui voyez le fond de mon cœur, de me le rappeler tous les jours de ma vie, car j'en ai aujourd'hui le dessein bien sincère. Aidez-moi, Seigneur, à l'accomplir.

Lorsqu'elle eut prié, elle prit un ruban rouge et l'attacha à son lit, se disant à elle-même : Toutes les fois que je verrai ce ruban, je me souviendrai de mon projet.

Louise, par son bon caractère, apporta le bonheur et l'abondance dans la maison de son mari.

La conduite d'une bonne belle-mère, particulièrement quand elle a elle-même des enfants, est doublement honorable; car il lui en coûte beaucoup pour conserver l'impartialité nécessaire, et être juste envers ses propres enfants et ceux de son mari.

———

## LA MAUVAISE FEMME.

Lucie était si avare qu'elle ne mangeait pas de manière à se rassasier, et qu'elle ne pouvait souffrir que personne se rassasiât dans sa maison. Afin de pouvoir le conserver plus longtemps, elle cuisait du pain si mauvais, qu'on ne pouvait ni le manger ni le digérer. Elle lavait rarement son linge, de peur de l'user par le frottement. Pour épargner les mois d'école, elle ne faisait point instruire ses enfants. Elle maltraitait son mari, homme de caractère faible; elle l'accablait sans cesse de ses injures et de ses criailleries, si, par hasard, il faisait tomber la moisissure du pain avant de le couper, ou bien s'il prenait les intérêts d'un domestique qui souffrait une injustice. Lorsqu'elle mesurait du blé pour la semence, elle répandait toujours la moitié du boisseau, et trompait ainsi son propre champ. En un mot, c'était une vilaine femme.

Un jour, il vint chez elle un marchand de cendres auquel elle vendit toutes les siennes. Pour qu'il ne prît pas celles qui étaient dans le foyer, elle les enleva rapidement et les jeta dans un galetas. Mais dans ces cendres il y avait un charbon qui s'embrasa, et en quelques heures des torrents de flammes dévorèrent sa maison.

Que l'avarice maudite soit éloignée de nous !

Je veux faire participer autrui à mon bonheur, si Dieu m'a plus favorisé de ses dons que mon prochain.

———

## L'ALOUETTE.

### FABLE.

Un jour, lorsque le blé fut mûr et que ses tiges commencèrent à se courber sous le poids des épis, une alouette dit à ses petits, qui n'étaient point encore bien emplumés : On moissonnera bientôt, et il faut veiller à notre sûreté. Faites donc attention à ce que dira le maître quand il examinera ses moissons, et rapportez-moi ses paroles lorsque je reviendrai.

L'alouette s'envola. Pendant son absence le maître du champ et son fils vinrent visiter le blé. Vois, mon fils, dit le père, le blé est déjà mûr. Pourquoi tarderions-nous plus longtemps à moissonner ? Cours chez nos amis, et prie-les de venir demain matin pour nous aider à faire la moisson.

Lorsque la mère alouette fut de retour, ses petits, battant des ailes tous ensemble, lui annoncèrent en tremblant le danger qui les menaçait.

Tranquillisez-vous, mes enfants, répondit la mère. Les amis ne se hâteront pas de prendre part au travail et à la fatigue; certainement on ne moissonnera pas demain. Continuez de faire attention à ce qui se dira.

Le lendemain, elle prit son vol comme à son habitude.

Le soleil était déjà chaud, lorsque le maître, qui avait longtemps attendu en vain ses amis, appela enfin son fils et lui dit : Nos amis tardent bien à venir, ou plutôt ils ne viendront pas du tout ; cours donc avertir tes beaux-frères et tes cousins, et demande-leur de venir nous aider demain matin.

Lorsque l'alouette revint, elle trouva de nouveau ses petits en proie à la plus vive terreur. Ah ! le maître a envoyé son fils chez ses cousins et ses beaux-frères, s'écrièrent-ils. Allons, mère, hâtons-nous, fuyons, sinon on moissonnera et on s'emparera de nous ! — Les cousins et les beaux-frères ne nous chasseront point, dit la mère ; il n'y a encore aucune nécessité de fuir. Et en effet, lorsque le matin du troisième jour parut, il ne vint ni beaux-frères ni cousins.

Alors le maître du champ, plein d'impatience, cria à son fils : Non, c'est trop de folie, personne ne doit compter sur autrui. Va, mon fils, prends une faucille, j'en prendrai une autre, et nous moissonnerons nous-mêmes ; autrement le blé s'égrènerait, s'il restait plus longtemps sur pied.

Lorsque la mère alouette entendit ce discours, elle dit à ses petits : Partons, il ne faut plus attendre ; maintenant c'est sérieux. Et elle se réfugia précipitamment, avec toute sa couvée, dans l'orge voisine, qui était encore verte.

Les sages de l'antiquité ont ainsi renfermé dans des fables ou apologues de ce genre plusieurs bonnes leçons, pour les rendre plus agréables et pour les mieux graver dans la mémoire. Le signe caractéristique le plus ordinaire de cette espèce de contes, qu'on appelle *fables*, c'est qu'on y fait parler des êtres qui n'ont ni le don de l'intelligence, ni le don de la parole humaine.

## BONHEUR.

Michel était sans cesse mécontent et grondeur ; il gémissait continuellement, et ne pouvait accuser

que lui-même de son infortune. Cela venait de ce
qu'il ne considérait jamais que ce qui lui manquait,
sans faire aucunement attention à ce qu'il avait ;
il travaillait ainsi constamment à se procurer les
moyens d'être heureux, sans pouvoir jamais atteindre son but.

Un jour qu'il faisait part de ses peines à Guillaume, ce dernier lui en expliqua la cause de la
manière la plus claire possible, au moyen de la
comparaison suivante : Mon cher voisin, lui dit-il,
supposons que le bonheur qu'on se propose d'acquérir soit comme une maison qu'on veut construire.
L'homme qui rassemble chaque jour de la chaux,
du sable, du bois et de la pierre, sans bâtir réellement, ne peut ainsi construire une maison : de
même, l'homme malheureux, qui ne cherche toute
sa vie que les moyens d'arriver au bonheur, lit et
apprend beaucoup de bonnes choses ; il acquiert et
possède des richesses, sans savoir les utiliser pour
se rendre heureux.

Michel ne comprit pas très-bien Guillaume, et
il lui demanda : Qu'est-ce donc alors que le bonheur, à proprement parler ? Le bonheur, répondit
Guillaume, c'est le plus souvent la joie que l'on
éprouve du bien que l'on a fait ou voulu faire à
autrui. Aime Dieu et ton prochain ; aide tes semblables par tes conseils et tes actions ; cherche à agir
de manière à diminuer le mal et à augmenter le

8

bien qu'il y a sur la terre , et alors tu pourras être heureux. Jouis de ce que Dieu t'a accordé, prive-toi joyeusement de ce que tu n'as pas ; chaque position a ses joies et ses peines. Les murmures augmentent nos souffrances et ne diminuent en aucune façon nos besoins. Sois gai , et remercie Dieu avec joie pour l'eau et le pain qu'il t'accorde chaque jour.

---

## LE PÈRE DE FAMILLE SATISFAIT.

Lorsque, dans les premières et difficiles années de l'exercice de sa profession , Guillaume avait peine à se tirer d'affaire avec sa femme et ses enfants , il avait soin d'édifier toute sa famille par sa gaîté et sa confiance en Dieu.

Quand le bon père de famille priait avant le repas, il choisissait toujours des paroles de l'Écriture qui pouvaient fortifier et consoler. Un jour il fit la prière suivante : Seigneur , vous qui souvent avez rassasié beaucoup de gens avec peu de chose , vous qui descendez au milieu de vos enfants , lorsqu'ils sont rassemblés , quelque petit que soit d'ailleurs leur nombre , écoutez ma prière , bénissez cette nourriture , ces présents du ciel , afin qu'ils nous profitent pour une vie laborieuse et pieuse.

Pendant une disette , quoique Guillaume ne fût

pas bien riche, il fit partager sa table aux pauvres gens encore moins riches que lui : Car, disait-il à sa femme et à ses enfants, ne pouvons-nous pas vivre sans nous rassasier complétement? Donnons donc de bon cœur à ceux qui n'ont rien à manger. Et alors les enfants portaient avec joie de la nourriture aux pauvres.

La joie et la prospérité régnaient dans la maison de Guillaume.

***

### CRÉDULITÉ.

Un paysan laissa en mourant un bel héritage et un fils unique.

Lorsque le père vivait, il exhortait son fils au travail, et lui disait : « Jean, celui qui travaille » avec assiduité a du pain, mais le paresseux meurt » de faim. » Cependant Jean allait volontiers au cabaret, et se livrait à la dissipation.

Après la mort de son père, Jean ne quitta plus le cabaret que pour rentrer chez lui et se coucher.

Un jour, un ouvrier mineur, fourbe, adroit, vint au même cabaret. Jean causa et but avec lui. Le mineur remarqua promptement qu'il était bête et ignorant; il commença à parler de la recherche des trésors, et déclara qu'il en connaissait plusieurs. Cette conversation plaisait beaucoup à Jean, qui paya bouteilles sur bouteilles. Tout en buvant, l'ouvrier mineur dit qu'il connaissait un trésor

caché dans le bois voisin : Si tu le connais, dit-il,
pourquoi ne l'as-tu pas déjà enlevé? Ah! repartit
le mineur, ça ne se fait pas ainsi. Je suis pauvre.
Si j'avais trois pièces d'or, quatre pièces de cinq
francs, trois pièces d'un franc, deux pièces de
cinquante centimes et deux de billon, pour pouvoir attirer le trésor, je l'aurais sur-le-champ.
Frère, s'écria Jean plein de joie, j'ai précisément
pareille somme, et même au-delà, dans ma poche,
car j'ai vendu aujourd'hui un cheval trois cents
francs ; je me procurerai bien les pièces de mon-
naie dont tu as besoin. Bien, dit le mineur, à minuit nous nous rendrons à l'endroit, et comme tu
fournis l'argent, tu auras la moitié du trésor.

A minuit ils entrèrent dans le bois; le mineur
reçut l'argent, puis il plaça Jean près d'un chêne,
lui défendant de parler sous peine de la vie, et lui
ordonnant en outre de rester là immobile pendant
trois heures.

Pendant que Jean restait ainsi tranquille au pied
de son chêne, le mineur s'enfuit en emportant
l'argent.

Le matin, Jean, après avoir longtemps attendu,
après avoir eu bien froid, rentra chez lui, et quand
il raconta sa mésaventure, on se moqua de lui.

## LE SPECTRE DÉCOUVERT.

A la place qui se trouvait devant l'église attenait un jardin où il y avait beaucoup d'arbres fruitiers. De méchants enfants avaient coutume d'entrer pendant la nuit dans ce jardin, et de voler le fruit; et afin que personne ne vînt sur la place et ne pût les troubler, l'un d'eux s'y promenait, vêtu d'une chemise de toile blanche.

Un jour, un homme nommé Jean passa sur la place, vit cette forme blanche, eut peur et s'enfuit. Il raconta ensuite avec beaucoup d'assurance qu'il avait vu un spectre.

Le jeune voleur, enhardi par la frayeur qu'il avait faite à Jean, continuait son manége. Mais sa tromperie eut bientôt un terme. Un habitant du village, revenant assez tard de la chasse avec son fusil, passa aussi sur cette place. La forme blanche se montra comme à l'ordinaire, et s'avança vers le chasseur, qui s'écria : « Arrête et dis qui tu es, ou tu es mort ! » Le voleur ne répondit point, parce qu'il pensait que le chasseur s'enfuirait comme Jean. Mais loin de fuir, il lui tira dans les jambes une grande quantité de petit plomb. Le faux spectre tomba et fut longtemps malade.

---

## L'HOMME QUI LIT L'ÉCRITURE SAINTE.

Guillaume disait souvent à ses enfants : Mes

chers enfants , si vous voulez profiter de ce
que vous lisez dans l'Ecriture Sainte, réfléchissez
d'abord si vous faites ce que vous y trouvez
commandé, si vous ne faites point ce qui y est
défendu. Dans les Proverbes de Salomon , dans le
livre qu'a écrit Sirach , on trouve beaucoup de
beaux préceptes que vous pouvez comprendre
facilement ; il en est de même des Psaumes. Dans
le Nouveau Testament qui nous intéresse particulièrement, nous autres chrétiens , remarquez
surtout les passages qui doivent servir à vous diriger dans la vie , et ne lisez pas l'Ecriture Sainte
simplement pour passer le temps , mais toujours
avec cette pensée : « Que dois-je faire pour être
» heureux , c'est-à-dire pour jouir d'une félicité
» vraie et durable? Quelle est la consolation. ,
» quelle est l'assistance que Dieu me promet
» dans ses paroles , si je veux sincèrement et
» franchement devenir meilleur ? »

Si vous trouvez quelque chose que vous ne
comprenez pas, demandez-en l'explication à votre
maître.

Les enfants de Guillaume écoutèrent les sages
conseils de leur père , et ils devinrent des hommes
bons et utiles.

L'homme doit , par une vie sage et par la médi-
tation des vérités contenues dans l'Ecriture Sainte,
devenir meilleur, c'est-à-dire apprendre à être
honnête, juste et heureux en Dieu , afin qu'il

puisse jouir du bonheur sur la terre et dans le
ciel. Car le méchant, c'est-à-dire celui qui aime
l'injustice, ne peut pas être heureux, parce qu'il
vit dans le péché.

## L'AUDITEUR TEL QU'IL DOIT ÊTRE.

Guillaume, avant d'aller entendre la messe
paroissiale le dimanche, avait l'habitude de lire
l'épître et l'évangile du jour et de les méditer. Il
évitait toute conversation sur les nouvelles à la
porte de l'église, et, par ce motif, il ne s'y rendait
pas de trop bonne heure. Alors son esprit était
préparé, et il était désireux de savoir ce que le
curé lui dirait, pour lui faire mieux connaître des
paroles dont il s'était déjà expliqué le sens à lui-
même, suivant l'étendue de ses connaissances.
Pendant le prône, il ne dormait point, n'avait
point de pensées étrangères; mais il s'occupait
constamment à réfléchir avec le prédicateur et à
suivre le fil de ses idées. Il en résultait qu'il
retenait si bien le sermon, qu'il pouvait ensuite
le répéter à ses enfants; de façon que, non-seulement lui-même, mais encore toute sa famille en
retirait un véritable avantage. Car ses enfants
n'oubliaient ni Dieu ni ses commandements, et
ses domestiques devenaient fidèles et conscien-
cieux.

### ANTOINE OU LE ZÈLE INDISCRET.

Antoine avait de bonnes intentions, mais il manquait de prudence. Il parlait souvent morale, mais le plus ordinairement à contre-temps et lorsque personne ne voulait l'entendre ; si on le raillait à ce sujet, il se mettait en colère, et employait alors des expressions peu convenables. Ainsi, non-seulement ses bonnes leçons produisaient peu de fruit, mais encore elles avaient de mauvais résultats. Un jour qu'il se plaignait à Guillaume de ce qui lui arrivait, ce dernier employa pour l'instruire la comparaison suivante :

Mon cher Antoine, il en est des bonnes leçons comme des bonnes semences. Un bon laboureur ne les jette pas au hasard, mais il prépare d'abord son terrain, et remarque s'il est en état d'être semé avec avantagè. Si l'on n'a pas soin de prendre ces précautions, il peut arriver que la semence périsse ou porte très-peu de fruit ; c'est pourquoi, dans un village, chacun n'est pas propre à faire un bon laboureur. De même, quand on veut instruire ou améliorer les autres, il faut beaucoup de prudence pour bien examiner et bien utiliser les occasions et les circonstances. Que celui qui n'a pas les dons nécessaires pour cela se borne à se corriger soi-même.

## LA RESTITUTION.

Un métayer, qui avait volé à son maître une somme considérable en lui rendant des comptes infidèles, fut atteint d'une maladie grave et douloureuse. Pendant ses longues insomnies, sa conscience s'éveilla; il ne savait comment échapper à ses remords; enfin il fit appeler le curé et lui confessa son péché. Le curé, qui était un homme sage, lui dit qu'il ne pourrait obtenir de consolation tant que l'action injuste qu'il avait commise ne serait pas réparée, et qu'il n'aurait pas restitué à son maître le bien volé. Si je le fais, dit le malade, je serai réduit à la misère, ainsi que mes enfants qui sont innocents. Celui qui commet le mal, répondit le curé, doit en supporter les fâcheuses conséquences, et il vaut mieux les supporter sur la terre que dans l'autre monde. Faites votre devoir, donnez un bon exemple, et laissez à Dieu le soin de tout le reste. Le malade suivit ces bons conseils. Il fit restituer à son maître, par le curé, l'argent volé, en le priant de lui pardonner sa mauvaise action pour l'amour de Dieu.

Le maître prit l'argent, et accorda avec bonté son pardon au malade, qui mourut consolé et tranquille; mais, après sa mort, le maître fit présent à sa famille de la somme restituée.

Ainsi Dieu accorda, dans cette circonstance, des

8*

grâces à plusieurs personnes. Un pécheur donna une preuve sincère de la vivacité de son repentir et un bon exemple ; le maître pratiqua la bienfaisance chrétienne, et la pauvre famille put jouir d'un bien qui, si on avait gardé le silence sur son origine, n'aurait produit, comme tout bien mal acquis, que la malédiction et la misère.

***

## LE MAITRE VIENT.

Jean et Michel se querellèrent en travaillant ; et après s'être bien injuriés, dans leur colère, ils voulurent se battre. Ils levaient déjà la main l'un sur l'autre, quand leur maître arriva ; aussitôt leur colère s'apaisa, et chacun s'en alla tranquillement à ses affaires.

De même que cette simple pensée : « Que pensera ton maître de ta conduite ? » calme à l'instant une des passions les plus violentes ; de même, dans toutes les occasions de commettre le péché, la pensée du Dieu qui sait tout et qui est présent partout doit éloigner l'homme du mal.

La véritable cause du péché, c'est l'oubli de Dieu.

Ainsi ne dites donc jamais : La séduction était trop forte ; — la tentation était invincible ; — le diable m'aveuglait, me conduisait. Faites plutôt l'aveu suivant : Je ne pensais point à Dieu ; j'avais oublié que Dieu récompense ceux qui le cherchent, c'est-à-dire, ceux qui, par amour pour lui, font le bien et évitent le mal. Je n'avais point auparavant mis assez de soin à nourrir et fortifier mon âme avec la parole de Dieu; j'avais négligé d'entendre l'explication de cette parole au sermon. J'ai fui la société des hommes de bien, j'ai recherché au contraire celle des hommes méchants et débauchés. Je ne croyais pas qu'il fût nécessaire d'apprendre à me connaître moi-même, d'étudier à quelle espèce de péché j'étais le plus enclin. Je n'ai point essayé de repousser les mauvaises pensées et de me délivrer des mauvaises habitudes. Si j'avais été persuadé de ces vérités, si j'avais eu une conduite conforme à ces croyances, certainement ni un homme ni le démon n'auraient pu m'entraîner au mal.

CROIRE ET NE PAS CROIRE.

DIALOGUE.

*Le maître.* — Lorsqu'un voyageur qui s'égare à l'entrée de la nuit et dans un pays dangereux, rencontre quelqu'un qui s'intéresse à lui, qui non-seulement lui indique le droit chemin, mais encore le conduit lui-même, que doit faire le voyageur égaré?

*L'écolier.* — Il doit remercier son guide et suivre le chemin indiqué.

*Le maître.* — Doit-il abandonner ce chemin quelques instants après ?

*L'écolier.* — Non, mais au contraire il faut qu'il prenne soin de ne pas s'en écarter, et qu'il y demeure aussi longtemps qu'il lui faudra marcher pour arriver au lieu où il veut se rendre.

*Le maître.* — Ou bien encore, si tu étais tombé dans l'eau et que je te tendisse une corde pour en sortir, que devrais-tu faire ?

*L'écolier.* — Je saisirais la corde.

*Le maître.* — Mais lorsque je t'aurais presque retiré, devrais-tu alors la lâcher ?

*L'écolier.* — Non, mais je la tiendrais solidement jusqu'à ce que je fusse sauvé.

*Le maître.* — Et encore, si un médecin, qui aurait toutes les connaissances qui constituent un médecin prudent, guérissait un malade sans espoir, la confiance ne serait-elle pas le devoir du malade ?

*L'écolier.* — Assurément.

*Le maître.* — Et comment le malade devrait-il témoigner cette confiance au médecin ?

*L'écolier.* — Il devrait obéir à ses prescriptions, se soumettre au traitement ordonné, même s'il lui était désagréable. Il lui devrait encore de l'affection et de la reconnaissance pour ses soins.

*Le maître.* — Ainsi il ne suffit pas que Dieu donne aux hommes les moyens de se sauver; il faut encore que les hommes fassent tout ce qui est en eux pour profiter de ces moyens.

Si, lorsque tu as besoin de mon aide, je te criais : « Emploie les moyens nécessaires pour te sauver, » mon simple cri suffirait-il pour t'arracher au danger, si tu ne connaissais pas avant tout un bon moyen de salut?

*L'écolier.* — Non certainement.

*Le maître.* — Ou, en second lieu, si, par paresse ou par amour-propre, tu ne veux pas faire usage du moyen offert, bien que tu saches qu'il était bon, en retireras-tu quelques secours?

*L'écolier.* — Il me serait tout-à-fait inutile.

*Le maître.* — Enfin, en troisième lieu, si tu essayais réellement de t'en servir, mais que tu l'abandonnasses à la moindre difficulté ?

*L'écolier.* — Alors, si je n'étais pas sauvé, ce serait ma faute.

*Le maître.* — Applique cette comparaison aux importantes leçons que tu reçois sur les moyens que Dieu a employés pour que les hommes fussent sauvés par Notre-Seigneur Jésus-Christ, c'est-à-dire par la pratique de ses conseils et par l'imitation de sa vie; et souviens-toi que Dieu nous donne toujours les moyens de nous sauver, et que c'est notre faute quand nous n'en profitons pas.

## FAIRE BIEN.

*Le maître.* — Enfants, si vos nouveaux vêtements vous rendent les services que vous en atten-
dez, c'est-à-dire si, sans vous gêner, ils vous pré-
servent des blessures et du froid, vous dites : Le
tailleur les a bien faits. Si l'on vous donne à manger quand vous avez faim, ou si l'on vous verse
à boire quand vous avez soif, vous pensez que
cela arrive en temps opportun. Si l'autorité fait
arrêter celui qui voulait vous nuire, ainsi qu'à vos
parents, vous vous écriez : « que cela est bien fait
et qu'on lui rend la justice qui lui est due ! » etc.,
etc. Que veulent donc dire alors ces mots : *faire
bien ?*

*François.* — Faire ainsi que cela doit être.

*Le maître.*—Pourquoi dis-tu : ainsi que cela doit
être ?

*François.*—Parce que, s'il en était autrement, il
en résulterait du dommage.

*Le maître.* — Bien. Mais où apprend-on de la
manière la plus sûre ce qu'il est convenable
de faire dans les circonstances les plus importantes ?

*François.* — Les commandements de Dieu, les
paroles de Notre-Seigneur Jésus-Christ et de ses
apôtres nous en instruisent.

*Le maître.* — Trouve-t-on donc dans la doctrine de Notre-Seigneur Jésus-Christ et de ses apôtres des règles de conduite pour tous les cas?

*François.* — On y trouve des principes pour les cas les plus importants, et on peut en déduire ce qui convient dans tous les autres.

*Le maître.* — Que faut-il donc d'abord pour pouvoir faire bien?

*François.* — Il faut savoir ce qui est bien.

*Le maître.* — Et lorsqu'on le sait?

*François.* — Alors on doit être persuadé de l'importance qu'il y a à bien faire.

*Le maître.* — Comment apprend-on cela?

*François.* — En songeant souvent que faire le bien est avantageux, tandis que faire le mal est nuisible.

*Le maître.* — Comment peut-on parvenir à faire bien continuellement, lorsque l'on en a déjà la ferme volonté?

*François.* — En ayant, dans toutes les occasions, la prévoyance d'examiner avant d'agir si ce que l'on veut faire est bien, et en implorant souvent les lumières de Dieu.

*Le maître.* — Mais n'oubliera-t-on pas de nouveau, par la suite ou avec le temps, ce qu'on a appris à l'école sur ce sujet?

*François.* — Si on réfléchit à tout ce qu'on a appris sur la volonté de Dieu, à tout ce qui est bien juste, si on le répète souvent, loin de l'oublier facilement, on s'instruit au contraire de plus en plus par ses réflexions ; puis on va à l'église entendre les instructions qui s'y font.

*Le maître.* — Suffit-il seulement de faire le bien de temps en temps ?

*François.* — Non, on doit le faire toujours.

*Le maître.* — Tu as bien répondu, mon enfant ; mais quel bon résultat obtiendras-tu après t'être pendant longtemps fatigué à faire ton devoir ?

*François.* — Je finirai par devenir juste.

*Le maître.* — Et quelle utilité y a-t-il à cela ?

*François.* — Elle se trouve expliquée dans cette belle sentence : *Annoncez que les justes seront heureux, car ils se nourriront des fruits de leurs œuvres.*

*Le maître.* — Que signifient ces mots, *se nourriront des fruits de leurs œuvres ?*

*François.* — De même qu'un jardinier se réjouit des fruits qu'il récolte lorsqu'il a planté de bons arbres, de même que le laboureur se réjouit de son travail lors de la moisson, celui qui fait tous ses efforts pour se bien conduire et pour faire du bien doit arriver ainsi à un bon résultat.

*Le maître.* — Que veut dire ce mot, *un juste ?*

*François.* — Un juste est un homme qui s'est habitué à bien faire.

*Le maître.* — Et que signifient les derniers mots de la sentence ?

*François.* — Que Dieu comblera ces hommes de

ses faveurs, qu'ils auront une conscience paisible, et qu'ils seront dans cette vie et dans l'autre l'objet de la miséricorde divine.

*Le maître.* — Mais on peut donc devenir parfaitement juste ? — Je pensais que tout ce que l'homme fait était imparfait.

*François.* — L'homme, sans doute, ne peut jamais devenir parfait ici-bas ; mais cependant il doit faire tout ce qui dépend de lui pour y parvenir. Dieu seul peut savoir jusqu'à quel degré de perfection un homme est parvenu, et avec quelle fidélité il a employé les occasions de devenir bon.

*Le maître.* — Sur quoi Dieu attache-t-il le plus son attention ?

*François.* — Il examine surtout la sincérité et la franchise du droit que l'on a d'être juste.

*Le maître.* — Oui ; car Dieu a assuré, par la bouche de Jésus-Christ, que celui qui s'est repenti de ses fautes et de ses mauvaises habitudes passées, et s'est bien promis de ne plus les commettre à l'avenir, aura en partage le bonheur éternel : mais celui qui s'est gardé du péché dès sa jeunesse est toujours dans une condition plus favorable ; car il peut employer à se rendre meilleur le temps nécessaire au premier pour devenir bon.

*François.* — Mais, mon maître, si cependant je pèche quelquefois par faiblesse ou par erreur, et que sans chercher à excuser mes fautes, je devienne d'autant plus prévoyant, le péché ne domine-t-il point en moi?

*Le maître.* — Non. C'est là le résultat de la faiblesse humaine : l'homme chez lequel le péché domine est celui qui fait mal en sachant bien ce qu'il fait, ou en négligeant de s'instruire de ses devoirs.

*François.* — Comment puis-je savoir que je suis sincère, c'est-à-dire que je désire devenir juste, afin que je ne me trompe pas moi-même?

*Le maître.* — Lorsque tu sens que tu désires en tout temps savoir ce qui est bien, et le faire pour plaire à Dieu.

———

## L'EXAMEN DE SOI-MÊME.

### DIALOGUE.

*L'écolier.* — Qu'entend-on particulièrement, mon cher maître, par ces mots, *s'examiner soi-même?*

*Le maître.*—Dis-moi d'abord si tu penses savoir ce qui est juste et ce qui est injuste.

*L'écolier.* — Oui certainement ; car je sais ce que Dieu a ordonné et défendu, et ses commandements peuvent être appris et retenus.

*Le maître.* — Puisque tu sais cela, tu as une *conscience*, c'est-à-dire, il y a en toi une connaissance de ce qui est juste et injuste. Mais à quoi te sert cette conscience?

*L'écolier.* — A. me préserver des mauvaises actions.

*Le maître.* — Quels sont les meilleurs moyens que tu emploieras pour te préserver des mauvaises actions?

*L'écolier.* — Je ne me permettrai ni mauvaise pensée, ni mauvaises intentions.

*Le maître.* — Maintenant serait-il suffisant que celui qui veut s'examiner soi-même pour parvenir à la connaissance exacte de l'état de son âme, se demandât seulement : Quelles mauvaises actions ai-je faites aujourd'hui? Ne serait-il pas juste qu'il se posât cette question : Quelles pensées, quelles intentions, quels projets ai-je eus aujourd'hui ? Etaient-ils bons ou mauvais? A quoi ai-je pensé avec le plus de plaisir quand j'étais seul? Ai-je combattu en moi un désir non permis ?

*L'écolier.* — Certainement, ces dernières interrogations sont nécessaires.

*Le maître.* — Pourquoi ?

*L'écolier.* — Il arrive souvent qu'on ne poursuit pas un mauvais dessein parce que l'on en est empêché ; mais les intentions n'en deviennent pas meilleures pour cela.

*Le maître.* — Maintenant peux-tu me dire ce qu'on entend par ces mots, *s'examiner soi-même ?*

*L'écolier.* — C'est-à-dire que je dois non-seulement me demander quelles ont été mes actions aujourd'hui, mais encore me poser la question suivante : Quelle a été la nature de mes pensees, de mes actions , de mes projets ?

*Le maître.* — Pourquoi ne suffit-il pas de faire la première interrogation seulement ?

*L'écolier.* — Parce qu'on pourrait se tromper et se croire meilleur que l'on n'est.

*Le maître.* — Comment rattaches-tu à cela les leçons que tu as reçues sur les causes et leurs effets ou leurs conséquences ?

*L'écolier.* — Les mauvaises pensées, les mauvaises intentions , les mauvais projets sont les causes de toutes les mauvaises actions ; car on fait ordinairement ce qu'on désire quand on le peut. Celui donc qui veut se mettre à l'abri des conséquences de ces mauvaises pensées , de ces mauvaises intentions , de ces mauvais projets., c'est-à-dire des mauvaises actions , celui-là doit écarter les causes premières , c'est-à-dire les mauvaises pensées , etc. , etc.

*Le maître.* — Quel est le meilleur moyen d'éloigner les mauvaises pensées?

*L'écolier.* — C'est de s'appliquer à savoir beaucoup de bonnes choses sur Dieu, et de s'habituer à le prier chaque jour , et à l'aimer comme son maître , son protecteur, son bienfaiteur et son père.

*Le maître.* — Est-il toujours indispensable d'avoir un livre de prières , ou bien de réciter des prières par cœur ?

*L'écolier.* — Non, mon cher maître, excepté dans les prières prescrites par l'Eglise ; on peut exprimer à Dieu ses besoins avec ses propres paroles.

*Le maître.* — Mais n'y a-t-il pas encore un autre moyen de se garder des mauvaises passions ?

*L'écolier.* — Oui, mon cher maître ; c'est de fuir l'oisiveté, de ne pas lire de mauvais livres, d'éviter la mauvaise compagnie des hommes débauchés, et de se livrer avec assiduité à un travail utile.

*Le maître.* — Tu as bien répondu, mon enfant. Puisque l'examen des intentions et des pensées produit tous ces bons effets, cet examen doit être nécessaire à tous les hommes de toutes les conditions pour devenir bons et heureux ?

*L'écolier.* — Oui, car je ne connais rien autre chose qui puisse conduire à ce résultat.

*Le maître.* — Pourquoi cela ?

*L'écolier.* — Chaque homme doit se corriger lui-même, et celui qui ne connaît pas ses intentions et ses pensées ne le peut pas.

*Le maître.* — Comment comprends-tu le précepte que *l'homme doit se corriger lui-même ?*

*L'écolier.* — Il doit chercher à connaître ses défauts, s'efforcer de n'y plus tomber et de pratiquer les vertus contraires.

*Le maître.* — Ainsi chaque homme doit bien savoir quels sont ses défauts ?

*L'écolier.* — Assurément il doit le savoir.

*Le maître.* — N'en résulte-t-il pas alors que l'ignorance ne doit plus être soufferte nulle part, et qu'on doit apprendre à chaque homme à bien penser ?

*L'écolier.* — Oui, cela doit être.

*Le maître.* — Pourrais-tu me dire pourquoi cela doit être ?

*L'écolier.* — Parce que si un homme n'a aucune connaissance exacte du juste et de l'injuste, il commet plusieurs fautes importantes ; et comme il ne peut s'examiner, il ne peut pas se corriger.

---

## LE MAÎTRE ET LE JARDINIER, OU LA PRIÈRE INSPIRÉE PAR L'ÉCRITURE SAINTE.

*Le maître.* — Depuis plusieurs années j'attends en vain des fruits de cet arbre : abats-le donc, il embarrasse le terrain.

*Le jardinier.* — Cher maître, je demande grâce pour lui. Laissez-le encore debout pendant un an : je veux essayer sur lui des moyens extraordinaires ; s'ils ne produisent rien je l'abattrai.

*Application de ce qu'on vient de lire à une prière.*

Mon Seigneur Jésus, lorsque j'honore la divine sagesse qui règne dans vos leçons, ne me laissez pas méconnaître cet amour si compatissant qui vous a fait descendre du trône de la majesté sur la terre. Vous avez été l'ami des hommes pendant votre vie., vous avez publié vos doctrines, vous êtes mort pour tous, et maintenant encore vous priez pour ceux d'entre eux qui sont inutiles, pour ces plantes stériles dans l'immense jardin de Dieu; vous demandez qu'on leur laisse le temps d'accomplir les desseins de leur créateur, et de porter des fruits. — Moi aussi je vous coûte de la peine et du travail. — Moi aussi j'ai bien souvent trompé l'espérance du maître qui voulait recueillir des fruits. — Mais vous avez demandé grâce pour moi; car je n'ai pas encore été abattu.—A l'avenir je veux porter de bons fruits. — Par ces larmes de reconnaissance et d'amour, je vous jure de ne plus employer désormais mes membres au service de l'injustice et de la vanité! Je vous jure d'apprendre de vous comment je puis porter de bons fruits, afin que la peine que vous vous êtes donnée pour moi ne soit pas inutile. Amen.

---

## L'EXAMEN.

Jean avait invité son voisin Guillaume à dîner, et après le repas il voulut donner une preuve de la capacité et du savoir de son fils aîné. Viens ici, Nicolas, s'écria-t-il, et dis vite ce que tu as appris. Nicolas s'avança tout lentement et à regret, puis il récita en courant., d'abord un chapitre du

catéchisme, puis le *Pater noster*, et ensuite un cantique, mais sans sentir ce qu'il disait, avec le ton
le moins convenable, et si rapidement qu'il ne faisait pas attention aux points et aux virgules, et
qu'il était souvent obligé de s'arrêter pour respirer :
on voyait clairement qu'il n'était convaincu d'aucune des pensées qui étaient contenues dans ce
qu'il récitait.

Voyez-vous, compère Guillaume, dit Jean
lorsque Nicolas eut fini, comme nos enfants
apprennent bien aujourd'hui ! Certes je n'aurais
pas pu en faire autant lorsque j'étais à l'âge de
Nicolas. Guillaume, qui savait que celui qui appelle
cela *bien apprendre* et qui est capable de louer
une pareille instruction est presque incorrigible,
se tut, et remercia Dieu, dans son cœur, de ce que
ses enfants recevaient une meilleure éducation.
Jean se blessa de son silence, et lui demanda pourquoi il ne donnait aucun éloge à son fils. Mon cher
ami, répondit Guillaume, nous ne serions certainement pas d'accord, si je vous disais tout ce
que j'ai maintenant sur le cœur ; d'ailleurs il est
déjà trop tard, et quand on commence à parler
de choses importantes, il faut avoir le temps de
pouvoir traiter à fond de pareilles matières. Une
autre fois je vous dirai ma manière de voir à ce
sujet ; à présent je vous souhaite une bonne nuit.

Celui qui sait seulement beaucoup de mots,
sans en connaître l'esprit, est peut-être dans une

condition pire que celui qui ne sait rien du tout ;
car le premier peut se laisser égarer par un sot
orgeuil, se croire savant, et prendre surtout le
simple verbiage pour le savoir.

———

## LE PARTAGE.

Guillaume, devenu vieux, partagea son bien
entre ses enfants. Il exigea pour lui et sa femme
une pension suffisante, que ses enfants accordèrent et payèrent avec plaisir, parce qu'ils étaient
reconnaissants de tous les biens dont ils jouissaient,
de la bonne éducation qu'ils avaient reçue, et de
l'amour de leurs parents. Malgré leur grand âge,
ces bons vieillards n'étaient point à charge à leurs
enfants : ils les aidaient volontiers dans l'éducation de leurs petits-enfants, et se livraient, autant
qu'il leur était possible, aux soins de la ferme.
Quand ils devinrent trop faibles pour cela, ils les
aidèrent encore, au moins en gardant fidèlement
la maison. Une conduite si affectueuse procurait
par le fait aux enfants plus d'avantage que l'entretien des vieillards ne leur occasionnait de dépenses;
car, pendant leur absence, ils pouvaient se confier
avec la plus grande sécurité à l'expérience de leurs
parents.

C'était un vrai bonheur de voir la joie et la

bonne intelligence qui régnaient dans cette maison.

Combien souvent les vieillards et les jeunes gens manquent des qualités que nous venons de louer dans ce récit !

<hr>

### COURTES MAXIMES.

1° La règle commune de la nature, c'est de ne rien payer d'avance. Ainsi, d'abord la peine, ensuite la récompense ; d'abord le travail des champs, ensuite la joie de la récolte ; d'abord l'étude, ensuite le savoir.

2° Donner à un homme de l'éducation, cela veut dire l'habituer à agir d'après de bons principes.

3° L'intelligence humaine peut acquérir par l'exercice une perfection incroyable.

4° Le degré de vertu que nous nous efforçons d'atteindre sur la terre, détermine le degré de félicité dont nous jouirons dans la vie à venir.

5° Le ciel ou la félicité éternelle, c'est la réunion des hommes bons et purs dans le sein de Dieu.

6° Il y a une différence remarquable entre les bonnes et les mauvaises actions : dans les premières, la peine, quelque grande qu'elle soit, est promptement oubliée, l'utilité et le plaisir viennent ensuite ; dans les secondes, le plaisir qu'on éprouve à exécuter une mauvaise pensée est promptement oublié, mais au contraire le préjudice et le repentir demeurent.

7° Il faut toujours souffrir, soit que l'on pratique la vertu, soit que l'on s'abandonne au vice; car le crime a aussi ses tourments.

8° La récompense de la vertu est magnifique ; c'est une participation au bonheur divin.

9° La fin des coupables est épouvantable. Ceux qui abandonnent la voie de la justice devraient se qualifier eux-mêmes d'insensés.

10° Dieu recommande le bien et défend le mal, non pas seulement pour l'amour de lui-même, mais parce que le bien rend celui qui l'aime et le pratique capable de recevoir ses bienfaits : le mal, au contraire, rend l'homme qui s'y abandonne incapable de recevoir ces mêmes bienfaits et d'en jouir.

11° Plus un homme a de dispositions et d'occasions pour devenir bon, plus il doit en profiter ; et s'il les néglige, il aura à rendre un compte d'autant plus sévère.

12° Où se trouve, à proprement parler, le royaume de Dieu ? Réponse : Puisque Dieu est le maître du ciel et de la terre, son royaume se trouve partout, mais particulièrement là où des créatures intelligentes savent le connaître, là où l'erreur et le crime ne cherchent pas à rendre infructueuses ses intentions paternelles.

13° Le plus haut degré de l'amour de soi-même, c'est la vertu chrétienne.

14° Celui qui ne s'habitue pas à rendre aussi heureux que possible tous ceux qui l'entourent, n'aime point son prochain.

15° L'amour du prochain est l'exercice préliminaire de la vie céleste ; c'est l'imitation de l'amour universel de notre père qui est au ciel.

16° Il n'y a jamais rien eu de plus digne d'amour sur la terre que N.-S. Jésus-Christ. Les vœux et les efforts des hommes les plus parfaits doivent avoir pour but de les rendre membres de la société dont il est le chef.

17° La vraie sagesse est le meilleur de tous les biens et de tous les présents. Elle est utile à tous les hommes, et dans tous les temps ; il n'a pas encore existé un seul homme qui ait été vraiment heureux sans avoir été vraiment sage.

———

## LE DÉPART.

Un instituteur devait quitter le lieu où il avait enseigné pendant longtemps. Grands et petits, tous pleuraient à son départ. Les enfants disaient :

Ah! notre bon maître nous abandonne, qui nous instruira maintenant? Les hommes faits disaient: Il est bien malheureux qu'il ne puisse pas élever nos enfants comme il nous à élevés nous-mêmes, car nous avons toujours été heureux en suivant ses leçons! Le maître était tout ému, mais il se contint et prononça pour adieu ces paroles:

« Mes chers amis, grands et petits, je vous remercie tous de m'avoir écouté avec plaisir. Votre obéissance, tandis que j'étais près de vous, et l'affection que vous m'avez toujours témoignée, m'ont causé beaucoup de joie; mais il vous est utile que je m'éloigne. Lorsque j'étais parmi vous, vous ne pensiez pas assez par vous-mêmes; vous vous reposiez sur ce que je penserais pour vous, et vous faisiez généralement plus attention au maître lui-même qu'à ses leçons. Maintenant je vous laisse; il faudra que vous pensiez et que vous réfléchissiez vous-mêmes, et cela vous profitera de toutes façons; car, bien que je me sépare de vous, mes doctrines restent, et elles vous seront encore plus utiles que ma présence, si vous cherchez à les bien comprendre et à les mettre en pratique. »

## LA BONNE SERVANTE.

Aux champs, à la ferme, à l'étable, partout je dois me rendre utile; c'est la volonté de Dieu,

de Dieu qui m'a protégée cette nuit et m'a permis
de m'éveiller ce matin.

Le bétail, par ses cris, me demande du fourrage; je vais le satisfaire, autant qu'il me sera
possible. Ne faut-il pas que je m'acquitte fidèlement de mon devoir pour mériter le salaire et
la nourriture que l'on m'accorde?

Je ne dois occasionner aucun dommage; et je
ne dois jamais rester inactive. Lorsque je concours
à la prospérité de mon maître, Dieu m'en récom-
pensera, si mon maître ne le fait lui-même.

Combien de pauvres gens souffrent de la maladie ou de la misère! Pour moi je ne manque de
rien; je suis bien portante; aussi je vous remercie,
mon Dieu, et de cœur et de bouche! Je remplis mon devoir avec plaisir et fidélité, et en
agissant ainsi je vivrai et je mourrai tranquille.

---

### LE BON VALET.

Je retourne aux champs; je suis plein de santé
et de force; je remercie Dieu qui me conserve la
santé et me donne des occupations utiles.

Le maître qui me nourrit ne me voit pas maintenant; mais Dieu m'examine, Dieu qui deman-

dera un jour comment chacun s'est acquitté pendant sa vie des devoirs de son emploi.

Le bétail m'est confié, je ne veux pas le tourmenter inutilement. Il sent la douleur, et celui
qui l'a créé comptera ses plaintes.

On ne paye point un valet pour qu'il occasionne
du dommage, mais au contraire pour qu'il soit
utile. Comment donc me rendrai-je utile? Quel
est le bien que je peux faire? Je serais bien heureux de réussir.

Seigneur, j'ai commencé mon travail avec
votre assistance; accordez-moi de le finir de même.

Celui qui a fidèlement rempli son devoir ne
redoute pas la mort.

———

## LE PIEUX LABOUREUR.

Je puis bien répandre la semence, mais quel
autre que vous, mon Dieu, peut la faire pro-
spérer! Quel autre peut lui procurer la pluie nécessaire à l'accroissement de ses tiges! La puissance
de l'homme ne va pas jusque là.

Seigneur, que ma prière s'élève jusqu'à vos
célestes demeures! Bénissez ici-bas les travaux des
champs et les pâturages! Remplissez notre cœur
de joie, afin qu'il prenne confiance en votre
appui.

La richesse de la moisson me comble de bon-

heur, et c'est vous qui avez distribué avec tant
de bienveillance la chaleur, le vent et la pluie. Je
veux avoir pitié du pauvre, qui ne récolte rien,
pour mériter de recevoir encore vos bénédictions.

---

### LE PIEUX JOURNALIER.

Je veux vous adorer et chanter vos louanges,
Seigneur de tous les hommes ; car vous êtes mon
Dieu, aussi bien que le Dieu des riches et des
puissants. Tous ne peuvent pas être riches, car la
loi générale c'est la variété : les astres n'ont pas
tous la même lumière et le même éclat ; et sur la
terre, les plantes et les arbres présentent des variétés infinies.

Vous m'avez donné pour compagnons le travail
et la peine. Je n'ai que mes mains pour suffire à ma
nourriture de chaque jour.

Et cependant qu'elle soit loin de mon cœur, Dieu
plein de justice, la pensée de me plaindre de vous !
car j'ai aussi reçu de votre bonté le courage suffisant pour supporter mon sort.

Vous avez attaché le bonheur à mon activité ;
que pouviez-vous me donner de meilleur? La santé
est la récompense du travail ; l'oisiveté est une
source d'ennuis et de chagrins.

Celui qui a faim mange avec plaisir ; celui qui
est fatigué jouit d'un sommeil délicieux. Le pares-

seux n'éprouve jamais aucune de ces jouissances que vous m'avez accordées.

Les biens de la terre vous appartiennent : qui peut comprendre comment vous les distribuez. Jamais je ne jetterai de regards envieux sur le bonheur d'autrui.

Je ne vous demande point la richesse, je ne vous demande point de m'exempter de travail : accordez-moi seulement la force et l'énergie né-cessaires pour remplir mes devoirs.

Mon salaire est faible , il est bientôt dépensé, et cependant je ne crains pas de mourir de faim. Le moineau vit, grâce à la nourriture que vous lui donnez ; comment donc n'aurais-je pas confiance en votre bonté ?

Un jour, lorsqu'après une vie sage et laborieuse, mes forces m'abandonneront, vous nourrirez encore , ô mon Dieu , le pauvre vieillard dans sa faiblesse.

C'est pourquoi je veux toujours accomplir avec fidélité mon travail de chaque jour, et regarder comme un vol le temps que je dissiperais.

Lorsque le jour naissant m'appelle au travail, ma prière doit le prévenir, et après le coucher du soleil , Seigneur, je dois bénir votre bonté pa-ternelle.

Que la nature est magnifique ! qu'elles sont belles les œuvres du Dieu que je chéris ! Mon esprit s'agrandit quand il en contemple seulement la moindre partie.

. Dans le ciel je comprendrai mieux : les anges m'instruiront. Là mon œil verra des merveilles, là j'entendrai des chants d'allégresse.

La vue de Dieu charmera mon cœur dans ce pays du bonheur véritable. Seigneur, de quelle manière miraculeuse vous traiterez l'humble vertu !

Ainsi j'approcherai avec sécurité de la fin de ma pénible vie. Le temps du repos sera le bienvenu, après des fatigues et des souffrances continuelles.

### LE BON SOLDAT.

Pour protéger mes frères et ma patrie, j'ai les armes à la main, je suis nourri, je reçois une solde.

Il est beaucoup plus facile de diriger la charrue que de se bien conduire sur le champ de bataille. Cependant rien ne peut arriver sans la volonté de Dieu ; sa puissance s'étend sur tout.

Puisque Dieu nous l'envoie, la guerre nous est utile. Il est vrai que je ne sais pas bien comment ; mais j'ai confiance en Dieu, et j'ai du courage pour surmonter les peines de ma profession.

Un soldat vraiment courageux ne pille jamais ;

jamais il n'augmente la misère du pays ennemi ; jamais il ne dérobe le pain et les vêtements du pauvre.

Sa destinée s'accomplit dans le corps où se déploie son étendard. Le brave demeure ferme comme un roc ; celui qui n'a pas l'âme pure tremble sans cesse. L'homme qui ne croit pas à la vie à venir doit toujours craindre de perdre celle-ci. Le véritable brave connaît Dieu et sait qu'il lui réserve une autre vie ; la mort n'est rien pour lui en comparaison de l'accomplissement de son devoir. Celui qui songe à accomplir son devoir a du courage quand il le faut ; car Dieu ne l'abandonne pas.

FIN.

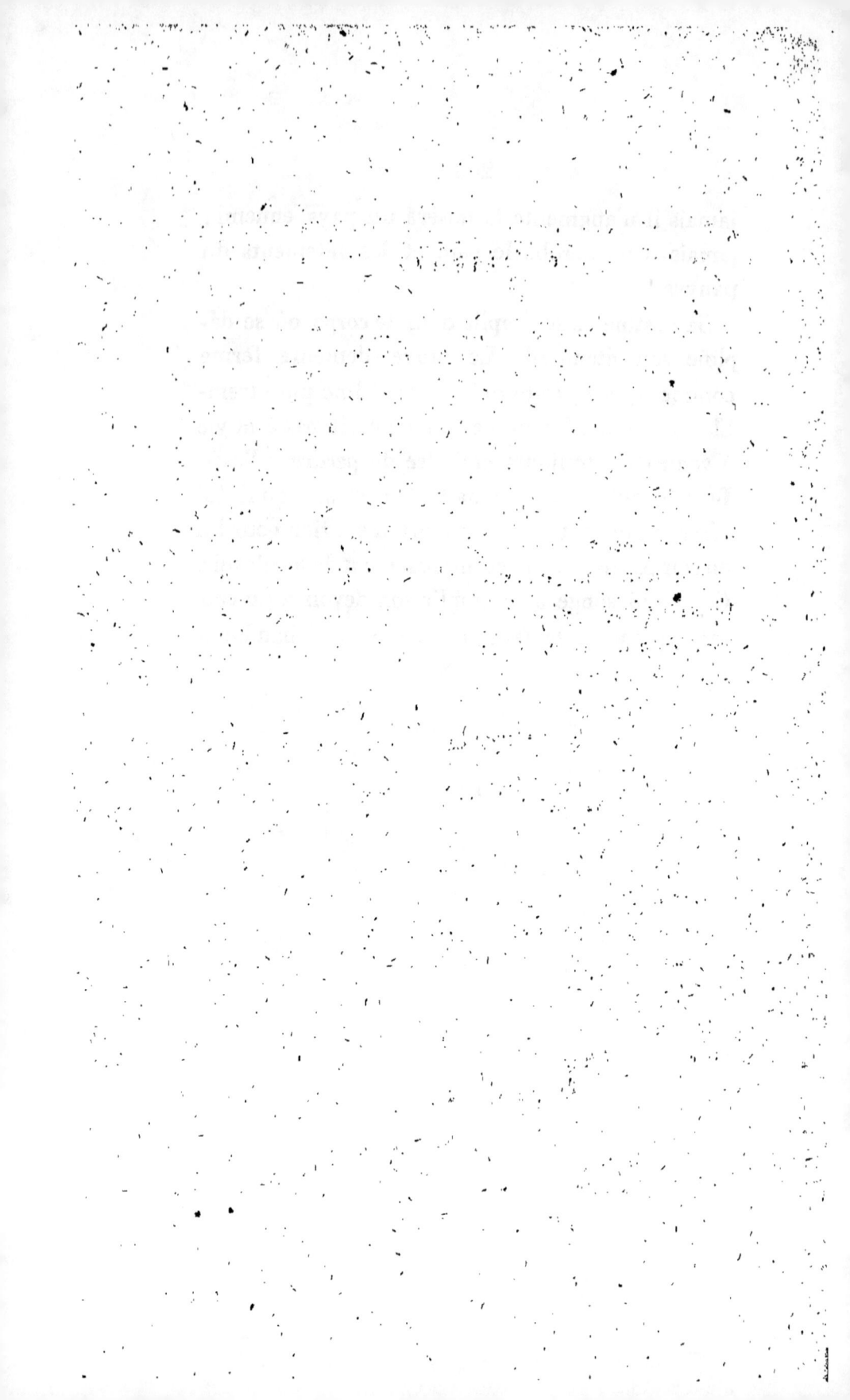

# TABLE

## DES MATIÈRES.

—

FIN DE LA TABLE.

POITIERS. — IMP. DE F.-A. SAURIN.

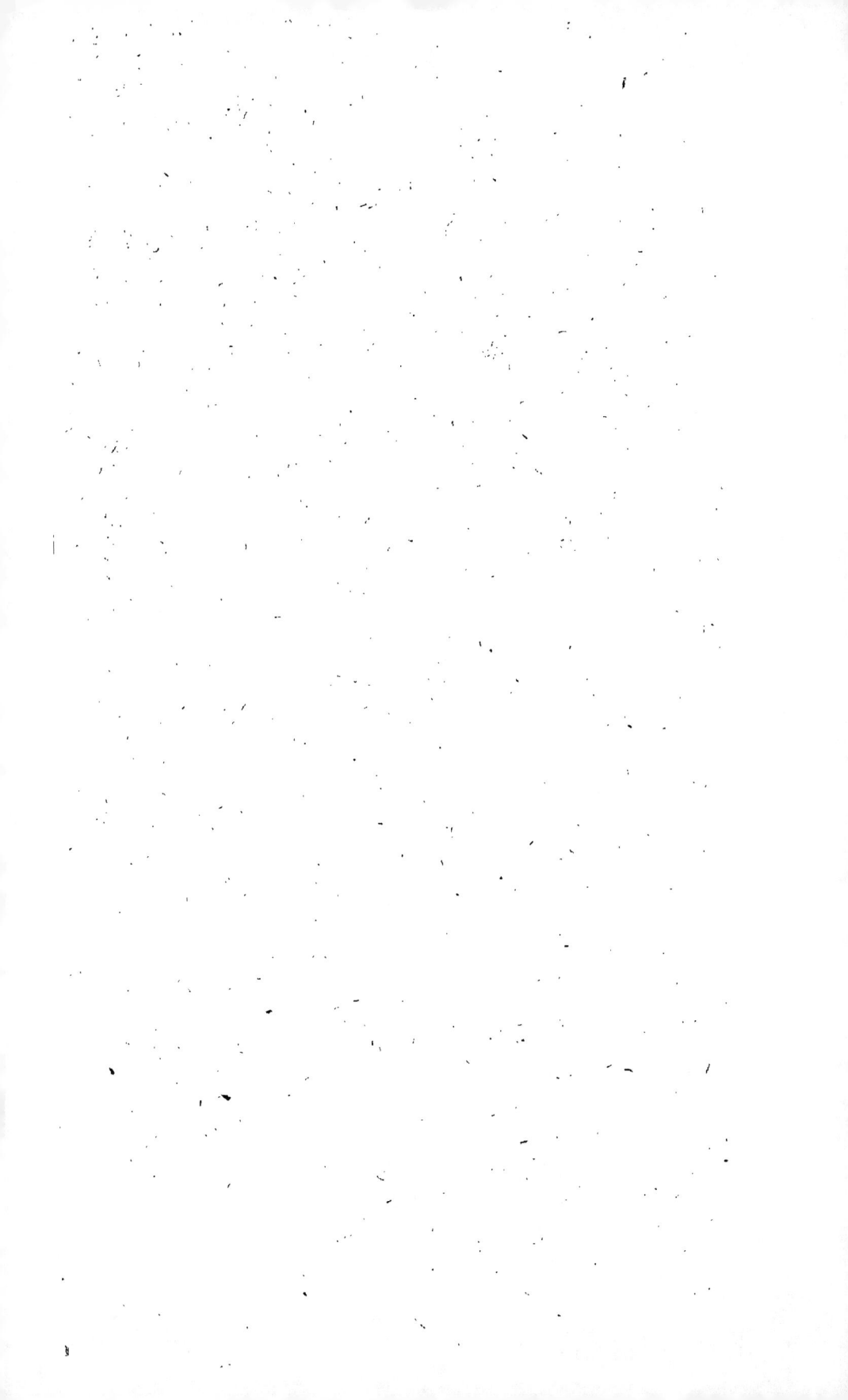

www.ingramcontent.com/pod-product-compliance
Lightning Source LLC
Chambersburg PA
CBHW060030100426

42740CB00010B/1680